BADERNA

68
COMO INCENDIAR UM PAÍS

MARIA TERESA MHEREB

ERICK CORRÊA (orgs.)

organização **ERICK CORRÊA E MARIA TERESA MHEREB**
imagens e diagramação **MARCELA SOUZA**
apresentação e cronologia **ERICK CORRÊA**
a beleza está nas ruas! **MARIA TERESA MHEREB**
tradução **ERICK CORRÊA E MARIA TERESA MHEREB**
    (Enragés e situacionistas no movimento das ocupações),
    MARIA TERESA MHEREB (Documentos, quadrinhos,
    cartazes do CMDO e cartazes dos ateliês populares),
    DIEGO SAMPAIO DIAS (Para serigrafar cartazes)
revisão **MARCELO MARANINCHI**
projeto gráfico e capa **CASA REX**

Dados Internacionais de Catalogação na Publicação (CIP)

C823
Corrêa, Erick, Org.; Mhereb, Maria Teresa, Org.
68: como incendiar um país / Organização de Erick Corrêa e Maria Teresa
Mhereb. Tradução de Erick Corrêa, Maria Teresa Mhereb e Diego Sampaio Dias.
São Paulo: Veneta, 2018. (Coleção Baderna).
256 p.; II.

ISBN 978-85-9571-026-9

1. Sociologia. 2. Antropologia Social. 3. História Social. 4. Movimentos Sociais.
5. Internacional Situacionista. 6. Revolução. 7. Maio de 1968. 8. França. 9. Paris.
10. Produção Gráfica Revolucionária. I. Título. II. Como incendiar um país. III. Série.
IV. Corrêa, Erick, Organizador. V. Mhereb, Maria Teresa, Organizadora. VI. Dias,
Diego Sampaio, Tradutor.

CDU 316.35 CDD 300

Catalogação elaborada por Ruth Simão Paulino

Rua Araújo, 124
1º andar, São Paulo
CEP 01220-020
contato@veneta.com.br
www.veneta.com.br

COLEÇÃO
BADERNA

PROVOS
MATTEO GUARNACCIA

**A REVOADA
DOS GALINHAS
VERDES**
FÚLVIO ABRAMO

**A ARTE DE VIVER
PARA AS NOVAS
GERAÇÕES**
RAOUL VANEIGEM

ESCOLAS DE LUTA
ANTONIA J. M. CAMPOS
JONAS MEDEIROS
MARCIO M. RIBEIRO

APRESENTAÇÃO por Erick Corrêa 8

ENRAGÉS E SITUACIONISTAS NO MOVIMENTO DAS OCUPAÇÕES 27

Internacional Situacionista

CAPÍTULO I **O RETORNO DA REVOLUÇÃO SOCIAL** 31

CAPÍTULO II **AS ORIGENS DA AGITAÇÃO NA FRANÇA** 38

CAPÍTULO III **A LUTA NA RUA** 48

CAPÍTULO IV **A OCUPAÇÃO DA SORBONNE** 59

CAPÍTULO V **A GREVE GERAL SELVAGEM** 75

CAPÍTULO VI **PROFUNDIDADE E LIMITES DA CRISE REVOLUCIONÁRIA** 83

CAPÍTULO VII **O PONTO CULMINANTE** 101

CAPÍTULO VIII **O CONSELHO PELA MANUTENÇÃO DAS OCUPAÇÕES E AS TENDÊNCIAS CONSELHISTAS** 106

CAPÍTULO IX **A RESTAURAÇÃO DO ESTADO** 115

CAPÍTULO X **PERSPECTIVAS DA REVOLUÇÃO MUNDIAL APÓS O MOVIMENTO DAS OCUPAÇÕES** 123

DOCUMENTOS SELVAGENS 133

MAPAS 134

MAPA DOS POSTOS POLICIAIS DO QUARTIER LATIN Action 135

MAPA DAS BARRICADAS DO QUARTIER LATIN Guy Debord 136

PANFLETOS 137

COMUNICADO 138

Comitê de Ocupação da Sorbonne

VIGILÂNCIA 140

Comitê de Ocupação da Sorbonne

CUIDADO! 141

Comitê de Ocupação da Sorbonne Autônoma e Popular

CUIDADO COM OS MANIPULADORES! CUIDADO COM OS BUROCRATAS! 142

Comitê de Ocupação da Sorbonne Autônoma e Popular

PALAVRAS DE ORDEM PARA DIFUNDIR AGORA POR TODOS OS MEIOS 143

Comitê de Ocupação da Sorbonne Autônoma e Popular

DEFINIÇÃO MÍNIMA DAS ORGANIZAÇÕES REVOLUCIONÁRIAS 144

Comitê *Enragés*-Internacional Situacionista

TEXTOS DE ALGUNS CARTAZES FIXADOS NAS PAREDES DA SORBONNE 145

Comitê *Enragés*-Internacional Situacionista

TELEGRAMAS ENVIADOS PELO COMITÊ DE OCUPAÇÃO DA SORBONNE 146

RELATÓRIO SOBRE A OCUPAÇÃO DA SORBONNE 149

Conselho pela Manutenção das Ocupações

PELO PODER DOS CONSELHOS OPERÁRIOS 153

Conselho pela Manutenção das Ocupações

DIRIGIDO A TODOS OS TRABALHADORES 155

Comitê *Enragés*-Internacional Situacionista e Conselho pela Manutenção das Ocupações

CHAMADO PUBLICADO EM PARIS EM FRANCÊS E EM ÁRABE 158

Comitê de Ação Magrebino

MEDICINA E REPRESSÃO 159

Centro Nacional dos Jovens Médicos

COMUNICADO DO DIA 7 DE MAIO DE 1968 162

Centro Nacional dos Jovens Médicos

TUDO É POSSÍVEL PARA A FORÇA DA CLASSE OPERÁRIA EM AÇÃO 163

Grupo 10 de Maio

O FUTEBOL PARA OS FUTEBOLISTAS 165

Comitê de Ação dos Jogadores de Futebol

PANFLETO DO COMITÊ DE AÇÃO DO ANEXO CENSIER 168

Comitê Trabalhadores-Estudantes

CARTA ABERTA AOS EMPREGADOS DO COMÉRCIO E OUTROS ASSALARIADOS, AOS ESTUDANTES 170

Comitê de Greve da FNAC

ELES NOS FERRAM DE NOVO, TRABALHADORES 172

Comitê de Ação dos Carteiros

FALSAS IDEIAS E FALSOS PROBLEMAS 173

Comitê de Ação dos Publicitários

CENTRO DE CONDICIONAMENTO DA INTELIGÊNCIA... ONDE ESTÃO VOCÊS, CAMARADAS? 175

Comitê pela Manutenção das Ocupações de Bordeaux

CANÇÕES 176

CANÇÃO DO CONSELHO PELA MANUTENÇÃO DAS OCUPAÇÕES 178

Alice Becker-Ho

A COMUNA NÃO ESTÁ MORTA 180

Conselho pela Manutenção das Ocupações

SÃO CINCO DA MANHÃ, PARIS SE LEVANTA 182

Jacques Le Glou

NOS ATELIÊS POPULARES 185

A BELEZA ESTÁ NAS RUAS! por Maria Teresa Mhereb 186

PARA SERIGRAFAR CARTAZES Escola de Belas-Artes 190

CARTAZES DOS ATELIÊS POPULARES 192

CRONOLOGIA 235

APRESENTAÇÃO

por Erick Corrêa

Sorbonne, dia 16 de maio de 1968, 19 horas. O Comitê de Ocupação da Universidade Autônoma e Popular emite suas primeiras palavras de ordem: "Ocupação das fábricas; Todo o poder aos Conselhos de Trabalhadores; Abaixo a sociedade espetacular-mercantil; A humanidade só será feliz no dia em que o último burocrata for enforcado com as tripas do último capitalista!"

Dia 17, o mesmo Comitê envia telegramas a Moscou e Pequim, dirigidos aos Partidos Comunistas da URSS e da China: "Tremam Burocratas! O poder internacional dos conselhos operários os liquidará em breve! Abaixo o Estado! Viva o marxismo revolucionário!"

Dia 20, o Secretário geral da Confederação Geral do Trabalho (a maior central sindical da França), Georges Séguy, recebe um telefonema durante uma entrevista, ao vivo, num programa de rádio:

OUVINTE: Eu gostaria de falar com o senhor Séguy. Meu nome é Duvachel. Eu sou diretor da fábrica Sud-Aviation de Nantes.

SÉGUY: Bom dia, senhor.

DUVACHEL: Bom dia, Secretário geral. Eu gostaria de saber o que o senhor acha do fato de que nos últimos quatro dias eu e mais outros vinte diretores estivemos presos dentro da fábrica da Sud-Aviation em Nantes.

SÉGUY: Alguém chegou a agredi-lo?

DUVACHEL: Não. Mas estou impedido de sair da fábrica...

No mesmo dia, o Comitê de Ação dos Jogadores de Futebol anuncia: "Nós, jogadores de futebol de diversos clubes da região parisiense, decidimos ocupar hoje a sede da Federação Francesa de Futebol. Como os operários ocupam suas fábricas. Como os estudantes ocupam as faculdades."

Dia 24, após uma Assembleia Geral, os funcionários da rede de lojas FNAC também se pronunciam favoráveis ao movimento das ocupações: "Nós, trabalhadores das lojas da FNAC, entramos em greve não para a satisfação de reivindicações particulares, mas para participar do movimento que mobiliza 10 milhões de trabalhadores manuais e intelectuais."

Dia 30, o Conselho pela Manutenção das Ocupações emite o seguinte comunicado, *Dirigido a todos os trabalhadores*: "O que já fizemos na França assombra a Europa e em breve ameaçará todas as classes dominantes do mundo, dos burocratas de Moscou e Pequim aos bilionários de Washington e Tóquio. Assim como fizemos dançar Paris, o proletariado internacional irá ao ataque às capitais de todos os Estados, de todas as cidadelas da alienação."

Início de junho, o quadrinista Moebius lidera um levante dos autores publicados na *Pilote*, então a mais importante publicação de quadrinhos da França: "Nós, os quadrinistas, decidimos tomar a direção da revista. Nós somos a Pilote!" Goscinny, criador do Asterix, era então o redator chefe da revista e foi julgado em uma espécie de tribunal formado pelos amotinados (entre eles Claire Bretecher, Druillet, Gotlib e outros). Ele e o outro redator chefe, Jean-Michel Charlier, foram acusados por Moebius: "Você e Goscinny são lacaios do patronato!"

Enquanto isso, os membros do Conselho pela Manutenção das Ocupações entoavam a sua própria canção revolucionária, ao desviar a melodia de *Ela não está morta*, de Eugène Pottier (autor do hino da Internacional), que homenageava os fuzilados da Comuna de 1871:

(...) Todos os partidos, os sindicatos
E sua burocracia
Oprimem o proletariado
Tanto quanto a burguesia.
Contra o Estado e seus aliados,
Formemos Conselhos operários (...).

A FESTA IMORTAL

Para o historiador, descobrir não é simplesmente assinalar fatos,
mas rasgar as camadas do discurso proferido sobre fatos.
João Bernardo, *Labirintos do fascismo*.

Numa época em que o debate sobre "lugares de fala" e "descolonização dos saberes" extrapolou o campo científico-social de origem para ganhar o senso comum, convém justificar a razão de publicarmos, no Brasil, um dossiê sobre o ano de 68 na França, já que, de fato, assim como no Vietnã, no México, no Peru, nos Estados Unidos, no Japão, na Polônia, na Tchecoslováquia ou no Congo, o 68 brasileiro também foi marcado pela aguda crise sociopolítica que naquele ano explodiu em arenas locais tão distantes[1].

Desde um ponto de vista contemporâneo, nos parece que a crise francesa de maio-junho de 68 apresenta ao leitor brasileiro de 2018 lições mais próximas de sua realidade do que a crise propriamente brasileira daquele ano. Isso porque a resistência à ditadura civil-militar instaurada em 1964 colocava a geração de contestadores brasileiros de 68 diante de um horizonte de expectativas historicamente mais rebaixado do que aquele aspirado pelos contestadores de um país como a França, que gozava de liberdades democráticas mínimas (todavia ausentes no Brasil), além de um vigoroso Estado de Bem-Estar Social, após cerca de vinte anos de glórias econômicas e expansão capitalista na Europa ocidental.

Não que o horizonte de expectativas da sociedade brasileira, numa conjuntura de crise sócio-política e econômica como essa de 2013-18, seja equivalente às aspirações da sociedade francesa em 1968, longe disso. O que nos conecta ao 68 francês é precisamente o fato de que, a partir daquelas jornadas, isto é, na reação a elas, a distinção clássica entre Estado de Direito e Estado de Exceção como antíteses inconciliáveis passa a perder seu sentido histórico. As soluções encontradas pela V República francesa para um desfecho que lhe fosse favorável no combate à radicalização proletária que se anuncia na crise de maio-junho de 68 combinou elementos regressivos (coercitivos) e progressivos (coesitivos) que dariam origem a um novo ciclo histórico, marcado pela fusão entre as máfias, os Estados e mercados, pela mentira como técnica de governo normal das democracias contemporâneas, pela

---

1   No Brasil, 68 tem início em fevereiro, com a agitação dos secundaristas cariocas da Frente Unida dos Estudantes do Calabouço (FUEC). A luta contra o aumento do preço da refeição culminaria na morte do estudante Edson Luís, após uma ação policial de repressão política. A repercussão de sua morte rapidamente se espalha por todo o país. Em março, ocorrem as primeiras greves operárias desde 1964, em Contagem (MG) e Osasco (SP); em junho, no Rio de Janeiro, ocorrem os episódios da "Sexta-feira Sangrenta" e a subsequente "Passeata dos Cem Mil". No segundo semestre, os militares iniciam uma contraofensiva inicialmente dirigida a operários, professores, estudantes, parlamentares, jornalistas e artistas que se opunham ao regime. Em julho, sob a capa paramilitar do Comando de Caça aos Comunistas (CCC), invadem e espancam atores da peça teatral Roda Viva, de Chico Buarque (montada por Zé Celso Martinez Corrêa), e destroem a ocupação estudantil do prédio da Filosofia da Universidade de São Paulo (USP), na rua Maria Antônia (com saldo de mais uma vítima fatal). Em agosto, invadem o *campus* da Universidade de Brasília (UnB) para aterrorizar professores e estudantes, numa operação conjunta das forças de repressão (Polícia Militar, DOPS, Polícia Federal, SNI e Polícia do Exército). Em outubro, invadem o 30º Congresso da União Nacional dos Estudantes (UNE) e prendem todos os seus dirigentes, em Ibiúna, interior de SP. Em dezembro, desferem o golpe final, com a decretação do Ato Institucional Nº 5 (AI-5), que daria início aos chamados "anos de chumbo". Cf. Maria Ribeiro do Valle. *1968: O diálogo é a violência. Movimento estudantil e ditadura militar no Brasil*. Campinas: Editora da Unicamp, 2008.

imposição de um estado de violência permanente, além do crescente poder de influência do segredo e dos serviços secretos nos arranjos estatais.

Eis o fio que nos conduz da França de 1968 ao Brasil de 2018, após cinco anos de contrarrevolução sem revolução, em resposta às jornadas de junho de 2013. Assim como na França em 68, o trabalho de desqualificação e de deslegitimação das posições da esquerda revolucionária durante e depois da crise, realizado tanto por gaullistas como por comunistas-stalinistas, não se distancia muito do trabalho realizado no Brasil, sobretudo entre 2013 e as jornadas anticopa de 2014, por petistas e antipetistas, contra os movimentos sociais de base autônoma, como o Movimento Passe Livre ou as federações anarquistas e demais frentes populares independentes de partidos e sindicatos. Aqui como lá, tais posições prepararam, de certa maneira, o terreno para uma contraofensiva da direita que, em simbiose com os aparatos estatais de controle e repressão, atingiria frontalmente todo o campo da esquerda, até mesmo as suas variantes mais reformistas e conciliadoras (como o Partido Comunista lá e o Partido dos Trabalhadores cá). Uma contraofensiva que prefigura uma situação de desconstrução da seguridade social e de retração das liberdades democráticas básicas. No plano histórico, quase sempre que as posições da direita e da esquerda reformista se uniram no ataque às correntes minoritárias e revolucionárias do movimento operário, o fascismo avançou e o autoritarismo estatal instaurou-se[2].

Naquela conjuntura de prosperidade econômica vigente na Europa ocidental, entre os "teóricos críticos" ligados ao Instituto de Pesquisa Social de Frankfurt (Alemanha), Herbert Marcuse argumentava, no ano de 1966, que o sistema capitalista havia conseguido, a despeito de suas persistentes contradições, canalizar seus antagonismos na *integração* das classes que antes encarnavam sua negação. Naquele mesmo ano, Theodor Adorno, na introdução de sua *Dialética Negativa*, afirmava que "a práxis transformadora" encontrava-se "adiada por um tempo indeterminado"[3].

Já o marxista Henri Lefebvre (professor mais à esquerda do Departamento de Sociologia de Nanterre), no seu livro *Posição contra os tecnocratas*, achou oportuno

---

2   Para nos determos a apenas um, porém sugestivo, exemplo histórico, no ano de 1935, Hitler suprimiu da Alemanha toda a literatura comunista e socialista, com exceção do panfleto de Lênin (*O esquerdismo: doença infantil do comunismo*, 1920) contra os "desvios" "esquerdistas" no seio do movimento operário internacional. Cf. Otto Rühle. "La lutte contre le fascisme commence par la lutte contre le bolchevisme". In: *La contre-révolution bureaucratique*. Paris: Union Générale d'Éditions, 1973.

3   ADORNO, Theodor. *Dialética Negativa*. Rio de Janeiro: Jorge Zahar, 2009, p. 11.

marcar uma posição contrária também em relação aos membros de uma pequena, porém influente organização revolucionária francesa[4]:

> Os situacionistas [...] não propõem uma utopia concreta, mas uma utopia abstrata. Acreditam verdadeiramente que numa bela manhã as pessoas se olharão e dirão umas às outras: "Chega! Chega de trabalho e de tédio! Acabemos com isso!" e que assim entrarão na Festa Imortal, na criação de situações? Se isso aconteceu uma vez em 18 de março de 1871, tal conjuntura não se reproduzirá novamente[5].

No sentido contrário de tais mistificações, ditas anos ou até mesmo meses antes do incêndio de maio-junho de 1968, para os situacionistas[6], aquela revolução "foi uma das menos imprevisíveis de todas". Na síntese provocativa do situacionista italiano Gianfranco Sanguinetti sobre o assunto:

> Marcuse, o iludido, pretendia ainda demonstrar-nos o desaparecimento do proletariado, que alegremente se teria dissolvido na burguesia; e Henri Lefebvre, o desiludido, já perorava sobre 'o fim da história' [...] Mas a partir de 1968, tiveram que submeter-se à percepção dolorosa da estupidez de que enfermavam: Marcuse resignou-se ao silêncio, e Lefebvre resignou-se a voltar ao redil, falando por conta dos stalinistas franceses[7].

De fato, em novembro de 1967, Guy Debord publica na França um livro de síntese das principais teses desenvolvidas pelos situacionistas há uma década na

---

4   Lefebvre, Debord e alguns situacionistas se aproximaram em 1961, tendo rompido relações a partir de 1963. A esse respeito, ver a nota nº 27 do texto *Enragés e situacionistas no movimento das ocupações* (inserido nesta edição).

5   LEFEBVRE, Henri. *Posição contra os tecnocratas*. São Paulo: Nova Crítica, 1969, p. 169.

6   As críticas téorica e prática dos situacionistas, isto é, dos membros da Internacional Situacionista (1957-72), indissociáveis da crise revolucionária francesa de maio-junho, ainda são pouco lembradas por nossa historiografia sobre 68. Quando mencionadas, incorre-se em algumas imprecisões. No livro *As barricadas do desejo* (São Paulo: Ed. Brasiliense, 1981), Olgária Matos reconhece (ao que tudo indica, pioneiramente no meio intelectual brasileiro), por um lado, que "foram os situacionistas que numa mescla de marxismo, anarquismo, surrealismo, fizeram a crítica mais certeira à sociedade 'espetacular mercantil', onde tudo se dá sob a forma da mercadoria e esta se dá como espetáculo" (p. 68). Mas erra ao afirmar que "o dia 22 de março marcou a fusão entre o leninismo, o anarquismo e o situacionismo" (p. 69). De fato, o grupo *22 de Março* ao qual ela se refere (fundado em 22 de março de 68), resultou de uma agremiação eclética que amalgamava, de modo geral, anarquistas, trotskistas e maoístas, mas não os situacionistas.

7   SANGUINETTI, Gianfranco. *Do terrorismo e do Estado*. Lisboa: Antígona, 1981 [1979], p. 52.

Europa ocidental. N'*A sociedade do espetáculo*[8], o fundador da IS diagnostica, de um lado, que "agora foi a abundância mercantil que fracassou" e, de outro, faz o seguinte prognóstico revolucionário:

> Quando as lutas antissindicais dos operários ocidentais são reprimidas primeiro pelos sindicatos, e quando as correntes revoltadas da juventude lançam um protesto informe – no qual, entretanto, já está presente a recusa da antiga política especializada, da arte e da vida cotidiana –, aí estão as duas faces de uma nova luta espontânea que começa com feição *criminosa*. São o prenúncio do segundo assalto proletário contra a sociedade de classes. (§115).

Os situacionistas tinham alguma razão em seu prognóstico, afinal, "a erupção revolucionária não veio de uma crise econômica, pelo contrário, ela contribuiu para criar uma situação de crise na economia"[9]. Algo que colocava por terra não somente a argumentação "teórico-crítica", como também a perspectiva em vigor no Partido Comunista de todos os países.

A crise revolucionária francesa irrompe, no final dos anos 1960, ao mesmo tempo como epicentro e catalisador dos chamados *anos 68*, posto que refletia e, simultaneamente, refratava as contradições sociopolíticas de sua época. Exprimia, assim, um duplo rechaço, pois dirigido simultaneamente contra dois alvos: por um lado, contra as forças dominantes do sistema mundial capitalista e, por outro, contra a "velha esquerda histórica", socialdemocrata ou stalinista[10].

Além disso, Paris gozava de uma forte tradição insurrecional (1789, 1848, 1871), o que conferia ao movimento de ocupações de maio-junho de 68 um legado revolucionário próprio a ser rememorado, desviado e atualizado segundo as novas condições de produção e reprodução da vida nas sociedades burguesas do segundo pós-guerra. A essa tradição também se deve a influência particularmente contagiante que aqueles meses de maio e junho provocaram no imaginário de tantos países para além da França e da Europa.

Devido à repercussão mundial da experiência francesa, se convencionou nos meios jornalísticos e mesmo acadêmicos reduzir 68 ao *maio de 68*, uma referência ao mês no qual a contestação de setores radicalizados do movimento estudantil

---

8 Rio de Janeiro: Contraponto, 1997. Tradução de Estela dos Santos Abreu.

9 *Enragés e situacionistas no movimento das ocupações*. Tradução nossa (inserida nesta edição).

10 Cf. Giovanni Arrighi, Terence Kilbourne Hopkins e Immanuel Wallerstein. *Movimientos antissistémicos*. Madrid: Akal, 1999.

universitário explode nas barricadas da rua Gay-Lussac, no entorno da Sorbonne, em Paris.

Já a referência a *maio-junho de 68* incorpora o desfecho conclusivo da crise, quando o impacto causado pelos Acordos de Grenelle – costurados pelo Primeiro-ministro Georges Pompidou e pactuados, no fim de maio, pelo Ministério do Trabalho e a Confederação Geral do Trabalho (CGT), esta sob a direção do Partido Comunista Francês (PCF) –, somado à proibição das organizações revolucionárias mediante decreto governamental de 12 de junho e a subsequente vitória eleitoral de De Gaulle, conseguiram finalmente canalizar as energias revolucionárias do movimento para saídas reformistas.

No entanto, nosso ano não começa nem termina em 1968, algo que a expressão *anos 68* também tenta exprimir. Na Itália, por exemplo, a contestação eclode um ano antes da rebelião na França, arrastando-se por mais dez anos. Na Península Ibérica, Portugal e Espanha conjugam a queda dos regimes fascistas e a explosão de aspirações socialistas e libertárias um pouco mais tarde, respectivamente entre 1974-75 e 1975-76. Na Polônia, o movimento estudantil de massas que explode em 1968, inspirado pelo levante proletário de 1956, repercutiria, por sua vez, no levante operário em estaleiros navais das cidades de Gdansk, Gdynia, Elblag e Szczecin, em 1970, contra a burocracia stalinista do Partido Operário Unificado.

50 ANOS DE DISPUTA PELA MEMÓRIA DE 68

A cada decênio, desde 1978, é reposta uma situação de disputa pela memória e significação de 68, sempre renovada por uma série de publicações acadêmicas e editoriais jornalísticos que polemizam sobre o anacronismo ou, pelo contrário (a depender do ponto de vista), sobre a atualidade ou contemporaneidade das aspirações libertárias e energias revolucionárias liberadas naquele ano.

Não há também consenso quanto ao seu impacto sobre a vida social, se este fora subestimado ou superestimado pelos protagonistas daquela geração. Afinal, 68 foi uma revolução social derrotada ou tudo não passou de uma intentona hedonista e iconoclasta de perturbação do *status quo* pela juventude revoltada? 68 resultou na vitória do individualismo pós-moderno ou simboliza um importante marco temporal nos processos de descolonização e de emancipação das populações submetidas às mais diversas formas históricas de dominação e exploração (colonial, patriarcal, heteronormativa, xenofóbica, étnico-racial, política)?

Algumas interpretações mais dogmáticas chegam a reduzir a história de 1968 a um tudo ou nada maniqueísta, incapaz de perceber a sua dimensão histórica real.

É nesse sentido, nos parece, que a provocação lançada pelos filósofos franceses Gilles Deleuze e Félix Guattari, de que *o Maio de 68 não aconteceu*[11], deve ser entendida: pois, se a luta não começa nas barricadas dos dias 10 e 11 de maio, tampouco ela termina com as eleições de 23 e 30 de junho, mas se desenvolve posteriormente também nas trincheiras do campo simbólico, ou seja, nas disputas ideológicas pela memória do evento.

De fato, as interpretações sobre 68 se dividem mesmo no interior de campos políticos afins, principalmente à esquerda do espectro sociopolítico, sobretudo na França, país onde o evento despertou as reações mais furiosas e apaixonadas. O contraste entre os balanços feitos pelos fundadores do grupo Socialismo ou Barbárie (1949-67), Claude Lefort e Cornelius Castoriadis, é exemplar nesse sentido. Para o primeiro, 68 foi uma *revolta bem sucedida*, enquanto para o segundo, não passou de uma *revolução fracassada*[12]. Já para os situacionistas:

> De todos os critérios parciais utilizados para acordar ou não o título de revolução a tal período de perturbação no poder estatal, o pior é seguramente aquele que considera se o regime em vigor caiu ou se manteve. Esse critério [...] é o mesmo que permite a informação diária qualificar como revolução qualquer *putsch* [golpe] militar que tenha mudado o regime do Brasil, de Gana ou do Iraque[13].

Na perspectiva situacionista, o caráter revolucionário de 68 é inquestionável para aqueles que conhecem a história do século XX, pois "tudo o que os stalinistas fizeram, sem recuo, em todos os estágios, para combater o movimento, prova que a revolução estava ali"[14].

Em um importante texto de 1988, Debord verificava que "há vinte anos nada é tão dissimulado com mentiras dirigidas quanto a história de maio de 68"[15]. De fato, os franceses já dispunham, desde 1985, de uma literatura *anti-68*, como o livro produzido pelo campo *néocon* (neoconservador), chamado *O pensamento 68: ensaio sobre o anti-humanismo contemporâneo*, dos ideólogos Luc Ferry e Alain Renaut[16].

---

11   Cf. Gilles Deleuze e Félix Guattari. "Mai 68 n'a pas eu lieu. Gilles Deleuze et Félix Guattari reprennent la parole ensemble pour analyser 1984 à la lumière de 1968". Revista *Chimères*, vol. 64, nº 2, 2007.

12   Cf. Antoine Chollet. "Claude Lefort et Cornelius Castoriadis: regards croisés sur Mai 68". *Politique et sociétés*, vol. 34, nº 1, 2015, pp. 37-60.

13   "Le commencement d'une époque". *Internationale situationniste*, nº 12, 1969, p. 13. Tradução nossa.

14   *Ibidem*, p. 13.

15   DEBORD, Guy. *Comentários sobre a sociedade do espetáculo*. Rio de Janeiro: Contraponto, 1997, p. 177.

16   Cf. Luc Ferry e Alain Renaut. *O pensamento 68: ensaio sobre o anti-humanismo contemporâneo*. São Paulo: Ensaio, 1988.

Em 2008, no livro *O pensamento anti-68*, o filósofo Serge Audier alerta para o que chama de "trabalho de deslegitimação" de 68, realizado por três atores principais, oriundos de campos políticos e intelectuais distintos, mas que convergem na interpretação sobre aquele episódio: os gaullistas (retórica do "complô internacional"), os comunistas (retórica das "provocações esquerdistas") e os neoconservadores (como o ex-presidente Nicolas Sarkozy, que pretendia *liquidar a herança de maio de 68*)[17].

Em 2018, o atual presidente da França, Emmanuel Macron, restaurou a polêmica sobre o legado de 68 desde um ponto de vista *modernisateur* que, ao invés de liquidar com a sua herança, pretende instrumentalizá-la, ressaltando as supostas características liberal-modernizantes do evento, enquanto oculta seus aspectos mais selvagens, como a greve geral de cerca de 11 milhões de trabalhadores e estudantes com ocupação de fábricas e universidades.

AS TENDÊNCIAS SELVAGENS DO MOVIMENTO:
INTERNACIONAL SITUACIONISTA (1957-72);
COMITÊ *ENRAGÉS*-INTERNACIONAL SITUACIONISTA (14-17/05/1968)
E CONSELHO PELA MANUTENÇÃO DAS OCUPAÇÕES (17/05-15/06/1968)

Esta antologia reúne documentos produzidos pelos protagonistas das alas *selvagens*[18] do movimento, ainda no calor dos acontecimentos, entre maio e junho de 68[19]. Distante da desqualificação gaullista e stalinista da época, e da deslegitimação contemporânea dos *néocons* (de Luc Ferry e Alain Renaut a Nicolas Sarkozy), busca-se resgatar aqui o ponto de vista dos *vencidos de 68*, isto é, de suas alas mais radicais, conscientes e minoritárias.

A despeito de suas limitações quantitativas, essas efêmeras e minúsculas organizações estiveram efetivamente sintonizadas com as características mais modernas do movimento proletário revolucionário de sua época que, desde as bases, voltaram a impor (após duas décadas de contrarrevolução totalitária e de guerra imperialista na Europa), na prática, a questão da autonomia decisória e do controle da produção, não mais as alienando para os dirigentes sindicais e partidários.

---

17 Cf. Serge Audier. In: *La pensée anti-68. Essai sur les origines d'une restauration intellectuelle.* Paris: La Découverte, 2008.

18 Os dirigentes sindicais chamavam de "selvagens" as greves iniciadas desde a base, isto é, que fugiam de seu controle. Cf. Charles Reeve. In: *Le socialisme sauvage. Essai sur l'auto-organisation et la démocratie directe dans les luttes de 1789 à nos jours.* Paris: L'Échappée, 2018.

19 Com a exceção do texto *Enragés e situacionistas no movimento das ocupações,* escrito e publicado no mês de julho de 1968.

Para os situacionistas, autores do texto que abre esta antologia (*Enragés e situacionistas no movimento das ocupações*[20]), a França conheceu em maio de 68 a primeira *greve geral selvagem* de sua história. Apesar de ser uma organização minúscula no plano quantitativo, porém, é no plano *qualitativo* que residia a força da IS, sua capacidade ímpar de persuasão e contágio.

Daniel Cohn-Bendit, a liderança do Movimento 22 de Março (22-M), eleito pela mídia francesa como o porta-voz dos estudantes rebelados de Nanterre, reconhece o papel dos situacionistas na formação do 22-M:

> Distribuímos *A miséria do meio estudantil* em Nanterre, assim como *A arte de viver para as novas gerações* e *A sociedade do espetáculo*; esses textos foram importantes para o nosso horizonte teórico (...). Digamos que os situacionistas tiveram ideologicamente certa influência [sobre o 22-M], mas as relações com eles eram difíceis no plano pessoal[21].

Cohn-Bendit chega a 68 pertencendo ao grupo anarquista Noir & Rouge [Negro & Vermelho], tornando-se, nas vésperas de maio, uma das figuras mais emblemáticas do recém-formado 22-M[22]. Para Michael Löwy e Olivier Besancenot, "esse movimento foi criado graças à convergência de visão e de ação de anarquistas e marxistas"[23]. Ainda segundo os autores de *Afinidades revolucionárias*, se a corrente libertária em torno de Cohn-Bendit aceita sem muitas dificuldades cooperar com os marxistas revolucionários, é também "porque se trata de uma mobilização interessada nas ideias de marxistas heterodoxos, como Henri Lefebvre, Herbert Marcuse e, com certeza, Guy Debord"[24].

No entanto, para Debord e os situacionistas, Cohn-Bendit era "insuficientemente inteligente, vagamente informado por pessoas interpostas sobre problemas

---

20 Escrito por Debord, Khayati, Riesel, Vaneigem e Viénet no início de julho, em Bruxelas, este é o principal texto da presente antologia. Por ter sido escrito coletivamente, num contexto de repressão ao movimento de maio-junho e com a perspectiva de ser publicado na França imediatamente, esse texto contém algumas passagens pouco inteligíveis, como costuma ocorrer com textos dessa natureza. Algo que constrasta com o rigor habitual da produção teórica situacionista.

21 "Le mouvement du 22 mars. Entretien avec Daniel Cohn-Bendit". *Matériaux pour l'histoire de notre temps. Mai-68: Les mouvements étudiants en France et dans le monde*, nº 11-13, 1988, p. 124. Tradução nossa.

22 Daniel Cohn-Bendit é coautor de um belo livro publicado na França em 1968, "escrito em cinco semanas", em parceria com seu irmão, o anarquista Gabriel Cohn-Bendit, e cujo título contém em si quase todo um programa político: *Le gauchisme: remède a la maladie sénile du communisme* (O esquerdismo: remédio para a doença senil do comunismo), uma referência bem humorada ao sisudo texto de Lênin, intitulado *Esquerdismo: doença infantil do comunismo*, de 1920.

23 BESANCENOT, Olivier; LÖWY, Michael. *Afinidades revolucionárias: nossas estrelas vermelhas e negras. Por uma solidariedade entre marxistas e libertários*. São Paulo: Editora Unesp, 2016, p. 48.

24 *Ibidem*, p. 48.

teóricos da época, hábil para entreter um público de estudantes [...] era um revolucionário honesto, ainda que sem gênio"[25]. Já o 22-M, era visto como "uma cópia direta do SDS[26] americano, igualmente eclético, democrático, e alvo frequente de entrismo por várias velhas seitas esquerdistas"[27].

O impacto das ideias e práticas situacionistas na detonação da crise em Nanterre pode ser sentido pelo testemunho de um protagonista do campo oposto. Pierre Grappin, o diretor da faculdade de Nanterre no tumultuado biênio 1967-68, vinte anos depois, se lembra que:

> Durante os anos normais, os estudantes, após o recesso da Páscoa, concentravam suas atenções sobre seus exames. Nada semelhante aconteceu em 1968, pelo menos em Nanterre, tornada *locus* de combate dos ativistas, *situacionistas* e revolucionários de diversas orientações[28].

Outro testemunho importante de tal impacto, sentido mais tarde em Paris, na atmosfera da Sorbonne ocupada e sublevada, encontra-se no relato do conselhista britânico Chris Pallis[29]:

> O sinal mais revelador do novo e inebriante clima era visto nas paredes dos corredores da Sorbonne. Em torno dos auditórios principais há um labirinto de tais corredores: escuros, empoeirados, depressivos, e até então despercebidos corredores que levam de lugar nenhum a nenhum lugar. De repente estes corredores voltaram a ter vida através de uma chuva de brilhantes e sábios murais – muitos dos quais de inspiração *situacionista*[30].

---

25 *Enragés e situacionistas no movimento das ocupações*. Tradução nossa.

26 Sigla para *Students for a Democratic Society* (1960-74) [Estudantes por uma Sociedade Democrática]. A SDS foi uma organização estudantil de orientação movimentista (frequentemente identificada pela mídia como representante da *New Left* [nova esquerda]), que ao longo dos anos 1960 se engajou em lutas anticapitalistas, anti-imperialistas e antirracistas nos Estados Unidos. Em 1968, ajudou a organizar a maior greve estudantil da história do sistema universitário do país.

27 *Enragés e situacionistas no movimento das ocupações*. Tradução nossa.

28 DREYFUS-ARMAND, Geneviève; GRAPPIN, Pierre. "La faculté de Nanterre de 1964 a 1968. Entretien avec Pierre Grappin". *Matériaux pour l'histoire de notre temps. Mai-68: Les mouvements étudiants en France et dans le monde*, nº 11-13, 1988, p. 103. Tradução e grifos nossos.

29 Publicado sob o pseudônimo de Maurice Brinton, autor de *Os bolcheviques e o controle operário (1917-1921): o Estado e a contrarrevolução* (1970), membro do Solidarity, grupo inglês de orientação conselhista.

30 SOLIDARITY. *Paris: maio de 68*. Coleção Baderna. São Paulo: Conrad, 2008, p. 42. Grifos nossos.

Devido a essa comprovada influência situacionista nas premissas do movimento de maio-junho, selecionamos para esta antologia não apenas o texto *Enragés e situacionistas no movimento das ocupações*, como também documentos que emanavam direta ou indiretamente da experiência aglutinada em torno do Comitê *Enragés*-Internacional Situacionista, que chegou a eleger um delegado seu (René Riesel, então com 18 anos) para o primeiro Comitê de Ocupação da Sorbonne, no dia 14 de maio.

Após uma série de desacordos com a atividade desse Comitê[31], *Enragés*[32] e situacionistas se retiram dele para formar, no dia 17, o Conselho pela Manutenção das Ocupações (CMDO), uma espécie de Assembleia Geral permanente constituída por três comissões, as quais eram encarregadas da redação e impressão de documentos, da comunicação com as fábricas ocupadas e responsáveis por providenciar materiais necessários às ações. No dia 19, o CMDO publica um *Relatório sobre a Ocupação da Sorbonne*, no qual eram denunciados os problemas que acarretaram a derrota desta experiência. No dia 22, publica a declaração *Pelo Poder dos Conselhos Operários*, que ensaiava sobre as possibilidades concretas e as perspectivas revolucionárias do controle operário sobre certos setores da economia. No dia 30, o CMDO publica o comunicado *Dirigido a todos os trabalhadores*, cujo conteúdo retomava o princípio situacionista segundo o qual "não se pode mais *combater a alienação sob formas alienadas*" (*A sociedade do espetáculo*, § 122) e convocava o movimento revolucionário, naquele momento em franco refluxo, a continuar a luta pela abolição do trabalho assalariado, da produção mercantil e do Estado.

Seus principais textos tiveram uma tiragem entre 150 e 200 mil exemplares, todos eles impressos por trabalhadores de gráficas ocupadas. Além deles, o

---

31 O relato detalhado dessa experiência consta nos textos *Enragés e situacionistas no movimento das ocupações* e *Relatório sobre a ocupação na Sorbonne*, ambos inseridos nesta edição.

32 Os *Enragés* ("Enraivecidos", em uma tradução literal) foram um grupo de afinidade formado por "anti-estudantes" da faculdade de Nanterre que, entre maio e junho de 1968, estabeleceu uma aliança tática com os situacionistas. Diferentemente destes, porém, os *Enragés* não constituíam uma organização, não eram intelectuais nem tinham pretensões teóricas (apesar de se declararem em acordo com a perspectiva situacionista). Sua atuação girava em torno de ações de "vandalismo crítico" no campus universitário, como as pichações e os escrachos de autoridades ou lideranças políticas e acadêmicas consideradas reacionárias. O então estudante de filosofia e anarquista René Riesel (o único entre os Enragés a se tornar um membro da IS, em junho de 1968), foi quem restaurou a nomenclatura que remete à revolução de 1789, mais precisamente à sua corrente mais radical que, em oposição aos jacobinos e aos moderados, defendia um aprofundamento contínuo do processo revolucionário. Tal aprofundamento deveria se dar no sentido de uma radicalização da democracia direta e de base, através de uma defesa dos "mandatos imperativos" (revogáveis a qualquer instante), da garantia de plenos direitos às mulheres, de sanções contra agiotas e especuladores, em defesa, portanto, de questões que, dois séculos depois, ainda permanecem atuais. Cf. Claude Guillon. *Notre patience est a bout. 1792-1793: les écrits des Enragé(e)s.* Paris: Éditions IMHO, 2017.

CMDO também produziria canções, cartazes e quadrinhos, alguns deles reunidos nesta antologia[33].

Enquanto existiu, o CMDO fez o máximo que pôde pelo movimento: assegurou um grande número de contatos com fábricas ocupadas, trabalhadores isolados, desempregados, comitês de ação autônomos, grupos do interior (principalmente em Nantes, onde a agitação tem início já em fevereiro de 68, além de Bordeaux e Toulouse), bem como com grupos estrangeiros. No mês de junho (dia 15), com a restauração do Estado, o CMDO se autodissolve, recusando-se a uma existência permanente[34].

Esta antologia traz também uma série de documentos (entre os quais panfletos, telegramas, serigrafias e mapas) produzidos por diversos comitês de ação de trabalhadores (jovens médicos, publicitários, jogadores de futebol, comerciários, carteiros, artistas plásticos, além de imigrantes) que se aglutinavam espontaneamente por fora dos partidos e sindicatos, e geralmente contra eles.

Ficaram de fora desta antologia, portanto, os documentos e textos de análise emanados dos grupos de direita e de extrema-direita (por razões óbvias), bem como aqueles produzidos pela esquerda partidária ou institucional (sobretudo do PCF), além dos diversos grupos trotskistas e maoístas que, a despeito de sua oposição ao PCF, não apresentam uma "alternativa radical ao marxismo-leninismo" – como é o caso dos anarquistas, situacionistas e conselhistas –, mas objetivam ir "até o extremo da doutrina comunista, e não substituí-la"[35].

Diferentemente dos trotskistas, para quem a derrota de 68 deu-se pela "ausência de uma adequada direção revolucionária"[36], segundo os situacionistas, o que faltou ao proletariado em 68 foi uma teoria "coerente e organizada" que, associada a uma forma de organização autônoma (também ausente), poderia levá-lo à vitória:

> Se o proletariado não conseguir organizar-se de modo revolucionário, não pode vencer. Os lamentos trotskistas sobre a ausência de uma "organização de vanguarda" são o oposto do projeto histórico de emancipação do proletariado. O acesso da classe operária à consciência histórica será obra dos próprios trabalhadores, e é só por meio de uma organização autônoma que eles

---

33 Alguns desses documentos foram publicados pioneiramente no Brasil por esta mesma coleção *Baderna* (editada pela antiga editora Conrad e agora pela Veneta). Cf. *Situacionista: teoria e prática da revolução*. São Paulo: Conrad, 2002.

34 Em 1972, a própria Internacional Situacionista seguiria este exemplo.

35 GOMBIN, Richard. *As origens do esquerdismo*. Lisboa: Dom Quixote, 1972, pp. 22-26.

36 MANDEL, Ernest. *Da Comuna ao maio de 68*. Lisboa: Antídoto, 1979, p. 281.

poderão fazer isso. A forma conselhista continua sendo o meio e a meta dessa emancipação total[37].

Em seu balanço feito no exílio em Bruxelas, os situacionistas atribuem a derrota de 68 ao "descompasso entre a consciência e a práxis [...] marca fundamental das revoluções proletárias inacabadas", ao "atraso teórico que gerou todas as lacunas práticas que contribuíram para paralisar a luta", bem como à falta de consciência histórica, pois somente um proletariado consciente de suas experiências passadas e de suas expectativas futuras pode-se tornar capaz de fazer a revolução.

Também ficou de fora desta antologia as publicações de grupos anarquistas, como *Negro & Vermelho* (1954-70), *Pesquisas Libertárias* (1966-72, órgão da Federação Anarquista), e conselhistas, como Informação Correspondência Operária (ICO, 1958-73, uma dissidência do Socialismo ou Barbárie), entre outros[38].

Para os situacionistas, os representantes do *conselhismo*, isto é, da teoria e prática dos conselhos tornada *ideologia conselhista*, não puderam reconhecer nada de novo e moderno no movimento de ocupações de 68, pois eles consideravam já ter visto de tudo. Eram grupos que retiravam toda sua experiência das derrotas passadas do proletariado revolucionário, e das lições legadas por teóricos do comunismo de conselhos da primeira metade do século XX (sobretudo oriundos da esquerda germano-holandesa), como Anton Pannekoek, Herman Gorter, Otto Rühle, Karl Korsch ou

---

37 *Enragés e situacionistas no movimento das ocupações*. Tradução nossa.

38 Tais grupos foram mais ativos no anexo Censier do que na Sorbonne. Situado na região sudeste do Quartier Latin, o anexo Censier, vinculado à nova faculdade de letras da Universidade de Paris, foi sede da efêmera "Universidade Crítica", criada após a ocupação por estudantes e trabalhadores, do dia 13 de maio de 1968, transformando-se rapidamente em sede de diversos "comitês de ação trabalhadores-estudantes". Segundo o relato de Chris Pallis, "a ocupação do Censier atraiu menos atenção do que a da Sorbonne. Entretanto, ela provou ter sido tão significativa quanto aquela. Enquanto a Sorbonne era a vitrine da Paris revolucionária – com tudo que isso implica em termos de glamour – Censier era seu dínamo, o lugar onde as coisas realmente eram feitas [...]. O que uniu os companheiros do Censier foi a nítida percepção das potencialidades revolucionárias da situação e o entendimento de que não tinham tempo a perder [...]. Na maior parte, suas ideias políticas eram as mesmas que caracterizavam o novo agente político que tem crescido em importância histórica: os ex-membros de organizações revolucionárias [...]. A maioria deles havia saído de organizações stalinistas ou trotskistas após terem rompido com as mesmas [...]. Mais de 90% dos estudantes do Censier vêm de famílias pequeno-burguesas ou burguesas. No entanto, a maneira como rejeitam a sociedade que os criou é tão forte que eles chegam a pôr 24 horas por dia as fotocopiadoras em funcionamento, produzindo um fluxo de literatura revolucionária de uma forma que nenhuma cidade moderna tinha sido acometida anteriormente" (SOLIDARITY, *Paris: Maio de 68*, Conrad, 2008, pp. 50-54). Os situacionistas, mais críticos, argumentam que "Esses conselhistas [do Censier] puderam intervir em algumas lutas práticas, especialmente no início da greve geral, enviando alguns deles para ajudar a fazer arrancar a greve ou a reforçar os piquetes. Mas a sua intervenção sofreu frequentemente dos defeitos inerentes à sua própria constituição: aconteceu de vários membros das suas delegações exporem aos trabalhadores pontos de vista fundamentalmente opostos" (*Enragés e situacionistas no movimento das ocupações*, tradução nossa).

Paul Mattick. Entretanto, o que havia de realmente novo nesse retorno internacional das aspirações conselhistas ao horizonte da luta de classes revolucionária, era o que os situacionistas chamavam de luta pela "descolonização total da vida cotidiana", não visando, como defendiam grupos conselhistas (como o ICO), a uma "autogestão do mundo existente pelas massas, mas à sua transformação ininterrupta"[39].

Isso porque, pelo menos desde o início da década de 1960, os situacionistas percebem que a lógica alienada típica do trabalho assalariado havia já se estendido à totalidade da vida cotidiana, conduzindo a luta de classes aos domínios dos lazeres, da educação, do urbanismo, da arquitetura e da arte moderna, numa zona de intersecção entre o "protesto disciplinar" e o "protesto antidisciplinar", a "crítica social" e a "crítica artística", entre as visões de mundo "romântica" e "revolucionária", para retomar algumas das categorias já formuladas pelo campo científico-social acerca dos chamados *longos anos 1960* (Stephens)[40].

Nesse sentido, o leitor de hoje certamente estranhará a ausência, numa antologia de coloração libertária como essa, de materiais produzidos por organizações feministas, do movimento LGBT[41] ou ecologista[42], os chamados "novos movimentos

---

39 *Definição mínima das organizações revolucionárias.* Tradução nossa (inserida nesta edição).

40 De inspiração foucaultiana, as categorias de *protesto disciplinar* e *antidisciplinar* usadas pela socióloga canadense Julie Stephens, em *Anti-disciplinary Protest: Sixties radicalism and post-modernism* (Cambridge: Cambridge University Press, 1998), operam uma distinção do tipo de racionalidade disciplinar vigente na esfera política (em torno dos princípios de organização, hierarquia e liderança), de uma "ética do prazer" que, contraposta à "ética do trabalho" (econômica e política), esteve presente nas tendências mais "festivas" dos contestatários de 68, movidas pelo desejo de transgredir e subverter a fronteira rígida que separavam o protesto político da agitação cultural. Segundo os sociólogos franceses Luc Boltanski e Eve Chiapello, na obra *O novo espírito do capitalismo* (São Paulo: Martins Fontes, 2009), existe uma distinção, pelo menos desde o início do século XIX, entre uma "crítica artística" e uma "crítica social". A primeira forma se baseia numa crítica ao progresso capitalista e seus processos de mecanização e massificação, enquanto a segunda forma enfatiza as desigualdades resultantes da exploração capitalista, seu regime de propriedade e modo de produção, reivindicando, porém, a noção burguesa e positivista de progresso. Segundo Michael Löwy, a crítica dos situacionistas e de Guy Debord em particular, pertenceria ao que ele chama de tradição romântica revolucionária, marcada justamente por um esforço de junção entre "a crítica marxista e a crítica romântica da civilização" (Cf. "Le romantisme révolutionnaire de Mai 68". *Contretemps*, nº 22, maio de 2008, pp. 94-100).

41 Sigla para lésbicas, gays, bissexuais, travestis e transgêneros.

42 A pouca participação de mulheres, LGBTs e negros entre as lideranças das grandes centrais sindicais e entidades estudantis, dos gaullistas aos comunistas, mas também na base do movimento, nos comitês de greve e de ação, nos conselhos revolucionários, inclusive naqueles forjados pelas tendências selvagens do movimento de ocupações (enragés, situacionistas, autônomas), é efetivamente uma das principais limitações objetivas e subjetivas do processo revolucionário detonado em maio de 68. Tais limitações são, entretanto, condicionadas pelas contingências e contradições sociopolíticas da própria época na qual explode a crise revolucionária, mais do que a uma suposta orientação racista, sexista, xenofóbica ou homofóbica de seus protagonistas, em sua maioria homens, assalariados, brancos, operários, estudantes, franceses, intelectuais. Até então, as mulheres francesas ainda precisavam pedir autorização de seus maridos para trabalhar fora do espaço doméstico. De fato, a despeito de sua composição internacionalista, a Internacional Situacionista sempre foi uma

sociais". Ocorre que tais tendências, apesar de já atuarem na França (ainda que de modo embrionário no período pré-68), só passam a formalizar suas organizações no pós-68, depois que passa a haver uma abertura, nos planos da cultura e dos costumes, liberada pelo levante de maio-junho de 68.

O Mouvement de Libération des Femmes (Movimento de Libertação das Mulheres[43]), por exemplo, apesar de ter promovido, desde 1967, alguns debates em torno da intersecção entre a luta anticapitalista, a luta anticolonial (e antirracista) e a luta antipatriarcal (e feminista), se formaliza somente a partir de 1970, após o refluxo de cerca de cinquenta anos das lutas travadas pelas sufragistas no primeiro quarto do século XX.

Já o Front Homosexuel d'Action Révolutionnaire (Frente Homossexual de Ação Revolucionária) passaria a atuar formalmente somente a partir de 1971, editando na França, entre 1972 e 1974, o jornal *Le fléau social* (*A epidemia social*).

Incluímos em nossa antologia, ainda, uma cronologia centrada nos acontecimentos de maio e junho de 68, porém, acrescida de alguns fatos que, precipitados desde meados de 1966, estiveram na gestação do movimento que mais tarde eclodiria em Nanterre e em Paris, entre o fim de 67 e o início de 68. Intitulada "Premissas", esta parte da cronologia rastreia alguns dos principais pontos de radicalização de setores minoritários e desorganizados do meio estudantil francês, principalmente nas cidades de Strasbourg, Nantes e Nanterre.

Acreditamos, por fim, que aquilo que a experiência particularmente francesa de 68 tem de atual, de presentificado, a dizer aos revolucionários de 2018 (do Brasil e de outros lugares), continua sendo a aposta debordiana na atualidade da experiência dos conselhos (*soviets*, em russo; *raete*, em alemão) de trabalhadores, todavia *vencida*, tanto na Rússia (1917-21) como na Alemanha (1918-20):

---

organização majoritariamente masculina, o que guarda certa distância de uma organização machista ou misógina. Por outro lado, desde sua fundação, em 1957, a IS se engajou ativamente em favor da luta anticolonial na Argélia, mas também no Congo. Guy Debord e Alice Becker-Ho (dois ex-membros do CMDO e da IS), em um panfleto de 1981, escrito e publicado em solidariedade aos libertários espanhóis encarcerados no presídio de Segóvia, resumem assim a sua perspectiva sobre essas sensíveis questões: "Por toda Europa, cada vez mais pessoas se engajam em lutas particulares contra alguns aspectos insuportáveis, muito antigos ou muito novos, da sociedade opressiva. Todas essas lutas são necessárias: de que adianta uma revolução se as mulheres e homossexuais não são livres? O que há de bom em um dia livrar-se da mercadoria e da especialização autoritária se uma degradação irreversível do meio ambiente impõe novas limitações objetivas à nossa liberdade? Ao mesmo tempo, entre aqueles que são seriamente engajados nessas lutas particulares, ninguém pode pensar em obter uma real satisfação de suas exigências enquanto o Estado não for dissolvido. Pois toda essa irracionalidade prática é a razão do Estado" ("Aux libertaires". In: COORDINATION DES GROUPES AUTONOMES D'ESPAGNE. *Appels de la prison Ségovie*. Paris: Éditions Champ Libre, 1980. Tradução nossa)

43 Movimento inspirado pelo seu homólogo estadunidense, o Women's Liberation Movement, que desde o início da década de 1960 se mobilizava em torno do combate ao sexismo e às rígidas estruturas patriarcais da sociedade norte-americana. Cf. Françoise Picq. "MLF: 1970, année zero". *Libération*, 7 out. 2008.

O aparecimento dos Conselhos foi a realidade mais elevada do movimento proletário no primeiro quarto do século, realidade que passou despercebida ou disfarçada porque desaparecia com o resto do movimento que o conjunto da experiência histórica de então desmentia e eliminava. No novo momento da crítica proletária, esse resultado volta como o único aspecto não vencido do movimento vencido. (*A sociedade do espetáculo*, § 118).

Que aquela dupla e crucial derrota do movimento operário revolucionário tenha sido consumada não apenas pelas forças burguesas, mas também por suas próprias representações políticas (socialdemocrata na Alemanha e bolchevique na Rússia), é algo que ainda diz muita coisa ao nosso presente, assim como dizia aos revolucionários de 1968 que, como o leitor verá nas páginas seguintes, viu entrar em jogo novamente a velha função contrarrevolucionária de suas principais representações partidárias e sindicais.

A publicação d'*A sociedade do espetáculo* coincide com a efeméride dos cinquenta anos da segunda revolução russa (1917). O biênio 2017-18 repõe na ordem do dia alguns dos acontecimentos mais importantes da história do movimento revolucionário moderno: os 170 anos da Primavera dos povos e da publicação do *Manifesto Comunista*, de Marx e Engels, em 1848, os cem anos da revolução russa de 1917, os cem anos da revolução alemã de 1918, além dos cinquenta anos das revoluções de 1968. No Brasil, lembramos neste biênio, além dos cinquenta anos do *nosso 68*, também os cem anos da greve geral de 1917[44], bem como da insurreição anarquista de 1918 no Rio de Janeiro[45].

Mas o nosso interesse não é ingenuamente *historicista*, pois buscamos com esta breve antologia escrever a história de 68 *no sentido contrário* daquela narrada por seus *vencedores*. Não apostamos, nesse sentido, numa visão positivista da história, neutra (anti-histórica) e acabada (a-histórica). Para nós, que nos posicionamos desde o ponto de vista dos *vencidos* da história (não apenas das vítimas da opressão e da exploração, como de todas e todos que as combateram, inclusive nas trincheiras simbólicas), não se trata de voltar a 68, senão de trazê-lo de volta, de tentar reconectar seus fios soltos, para que sua potência crítica-destrutiva possa de algum modo ser reativada *no presente*. Esse retorno aos aspectos mais selvagens de 68 deve ser entendido, portanto, como um *desvio pelos aspectos não vencidos do movimento vencido de 68*. Como restauração e renovação daqueles aspectos que,

---

44 Cf. Christina Roquette Lopreato. *O espírito da revolta: a greve geral anarquista de 1917*. São Paulo: Annablume, 2000.

45 Cf. Carlos Agusto Addor. *A insurreição anarquista no Rio de Janeiro*. Rio de Janeiro: Dois pontos, 1986.

no presente, podem assumir, ao serem atualizados, algum sentido prático às lutas sociais contemporâneas.

A irrupção, no início do século XXI, de movimentos de contestação anticapitalistas e antiautoritários em diversos pontos do Brasil (movimentos antiglobalização, pela gratuidade da tarifa do transporte urbano, de ocupação de universidades), atingiu seu "ponto de não retorno" em junho de 2013. Em 2015-16, *o aspecto não vencido* das *Jornadas de junho* seria recolocado em jogo pelo fértil movimento autônomo (em relação a partidos e representações estudantis tradicionais) dos estudantes secundaristas contra as reformas educacionais governamentais, nos estados de São Paulo, Goiás e Paraná.

Em 2013, a revogação do aumento das passagens de ônibus na capital paulista resultava de uma vitória da combinação de duas táticas inteligentemente conduzidas por dois movimentos autônomos (em relação a partidos e sindicatos), o Movimento Passe Livre (MPL) e o *Black Bloc*. De modo semelhante (no plano da cultura organizativa), os secundaristas de São Paulo que forjaram, em novembro--dezembro de 2015, de modo autônomo, suas próprias mediações sociopolíticas (como a experiência associativa e comunicativa aglutinada em torno do jornal digital O Mal Educado), também sairiam vitoriosos, forçando o governo a recuar em relação à chamada "reorganização escolar", um eufemismo governamental criado para dissimular o real fechamento de salas e escolas na rede pública de Ensino Básico do estado[46].

Ora, se há uma atualidade, ou um uso revolucionário possível das ideias contidas nesse livro, meio século depois, ela reside justamente em movimentos de negação prática como estes, de ruptura com o arranjo econômico-político da ordem espetacular-mercantil.

É nessa aposta que se inscreve este *68: como incendiar um país*.

---

46 Cf. Antonia J. M. Campos, Jonas Medeiros e Marcio M. Ribeiro. *Escolas de luta*. São Paulo: Veneta, 2016 (Coleção Baderna).

ENRAGÉS E SITUACIONISTAS NO MOVIMENTO DAS OCUPAÇÕES

Esta obra coletiva foi originalmente publicada em 1968 pela editora francesa Gallimard, em sua Coleção Témoins. Embora assinada por René Viénet[1], sua elaboração envolveu também outros membros da Internacional Situacionista, especialmente Guy Debord[2], Mustapha Khayati[3], René Riesel[4] e Raoul Vaneigem[5]. Ela vem aqui acompanhada por quadrinhos e cartazes produzidos pelo Conselho pela Manutenção das Ocupações.

1   René Viénet (1944-) foi membro da Internacional Situacionista (IS) entre 1963 e 1971. Em 1973, realiza um filme inspirado pela estética situacionista, *La dialectique peut-elle casser des briques?* (*Pode a dialética quebrar tijolos?*) (Nota dos Tradutores).

2   Guy Debord (1931-1994) é um dos fundadores da Internacional Situacionista (1957-72), tendo participado anteriormente da Internacional Letrista (1952-57), uma dissidência à esquerda do *movimento letrista* (uma vanguarda artística fundada em 1946 pelo poeta romeno Isidore Isou). O termo "situacionista" aparece pela primeira vez em novembro de 1956, em um ensaio do então Guy-Ernest Debord (aos vinte e cinco anos), "Teoria da deriva", publicado no nono número da revista pós-surrealista belga *Les Lèvres Nues* e, mais tarde, republicado no segundo número da revista da IS. Autor de um dos textos situacionistas mais influentes, *A sociedade do espetáculo* (1967), Debord dirigiu os doze números da revista *Internationale Situationniste*, entre 1958 e 1969 (NT).

3   O situacionista tunisiano Mustapha Khayati foi um dos pivôs do chamado "escândalo de Strasbourg", ao redigir um dos panfletos mais influentes e traduzidos da história da IS, *A miséria do meio estudantil* (1966). Em 1969, rompe com a IS (que não admitia duplo pertencimento de seus membros) para se engajar na *Frente Democrática pela Libertação da Palestina* (FDLP). Dos situacionistas, é o único que seguiu carreira acadêmica, tendo defendido um doutorado em História dos Povos Muçulmanos (Paris I) e outro em Ciência Política (Paris VIII), e depois lecionado nos Institutos de Estudos Políticos (IEP), entre os anos 1980 e 1990 (NT).

4   De origem argelina, René Riesel (1950-) chega a Paris com a família em 1962. Rompe com o anarquismo em 1967, se aproximando do grupo de antiestudantes pró-situacionistas de Nanterre, a quem ele chamava de *Enragés*, nome que seria adotado em sua associação e depois fusão com os situacionistas em maio-junho. Foi um dos cinco estudantes de Nanterre (junto com mais dois *Enragés*, Cheval e Bigorgne, um anarquista, Duteuil, além de Cohn-Bendit, do *22 de Março*) que sofreram processos administrativos de expulsão da faculdade de Nanterre, após o levante estudantil de março-maio de 1968. É excluído da IS em 1971. Nos anos 2000, passa a colaborar com o grupo pós-situacionista *Encyclopédie des Nuisances* (Enciclopédia das Nocividades) (NT).

5   Raoul Vaneigem (1934-), poeta e filósofo belga, conhece os situacionistas em 1961, por intermédio de Henri Lefebvre, que o apresenta a Guy Debord. Vaneigem fará parte da IS até 1970, quando se desliga da organização. Seu livro *Traité de savoir-vivre à l'usage des jeunes générations* (na tradução brasileira, *A arte de viver para as novas gerações*), de 1967, seria uma formidável fonte de inspiração para diversos *slogans* pichados pelos muros de Paris em maio-junho de 1968 (NT).

AVISO

O autor não tenta dissimular de que lado estão as suas simpatias. Talvez por isso não seja ocioso ouvi-lo afirmar que garante, e pode provar, a exatidão dos fatos relatados neste livro e, *a fortiori*, de todos os textos citados. No entanto, embora tudo o que escreveu seja verdade, ele com certeza não pode pretender ter feito um relato satisfatório que dê conta de toda a história do movimento das ocupações. A hora dos trabalhos desse tipo vai chegar. Por enquanto, ainda falta a maior parte das informações sobre quase todo o interior do país e a maioria das fábricas, inclusive as da região de Paris. Além disso, mesmo atendo-se ao aspecto do movimento das ocupações estudado aqui, essencial e mesmo assim limitado, o autor não podia se permitir informar certos aspectos dos acontecimentos, provavelmente do mais alto interesse para o historiador, mas cuja divulgação poderia ser usada contra várias pessoas, como se pode entender facilmente pelo momento exato em que a escrita deste livro foi concluída.

O autor teve a sorte de poder contar com a colaboração de vários membros da Internacional Situacionista, dois dos quais tinham feito parte do ex-"Grupo dos *Enragés*[6]". Faz questão de dizer que, sem eles, em todos os aspectos, ele não poderia ter escrito este livro.

Bruxelas, 26 de julho de 1968

---

6   "Enfurecidos", numa tradução literal. Nome com que ficaram conhecidas, na França, as alas mais radicais dos *sans-culottes* durante a revolução de 1789. Na crise revolucionária de 1968, o nome é restaurado e renovado por novas condições objetivas e subjetivas, por uma franja minoritária e radical do movimento estudantil de Nanterre. Suas ações de sabotagem das aulas, de escracho contra professores, de "vandalismo crítico" no campus, como as pichações de paredes, seriam largamente utilizadas em Paris, nos meses de maio e junho, e replicadas em outros processos revolucionários mundo afora. Alguns *Enragés* se associaram à Internacional Situacionista durante a crise revolucionária de maio-junho de 1968, federando-se no Comitê *Enragés*-Internacional Situacionista, que chegou a eleger um delegado seu (Riesel) para o primeiro Comitê de Ocupação da Sorbonne. Não sendo nem anarquistas, nem trotskistas, nem pró-russos, nem pró-chineses, muitos *Enragés* se definiam como "pró-situacionistas". Sua influência direta na radicalização do movimento em Nanterre, que rapidamente se alastrou como fogo em palha até Paris, atingindo na sequência o país inteiro, frequentemente levou as autoridades repressivas – jurídicas, políticas e midiáticas – a generalizar tal estado de ânimo para a totalidade do movimento, extrapolando assim os estreitos limites de sua base social de origem (NT).

"Quanto à história original [...] o conteúdo dessas histórias
é necessariamente limitado: a sua matéria essencial é o que está vivo
na própria experiência do historiador e nos interesses atuais dos
homens, o que está vivo e presente entre eles.

O autor descreve aquilo de que mais ou menos participou ou, ao menos,
o que vivenciou: épocas pouco prolongadas, figuras individuais de
homens e fatos [...] Não basta ter sido contemporâneo dos eventos
relatados ou estar bem informado sobre eles. O autor precisa pertencer
à classe e ao ambiente social dos protagonistas que descreve; as opiniões,
a maneira de pensar e a cultura deles precisam ser as mesmas que
as suas. Para conhecer os fatos e vê-los no seu verdadeiro lugar,
é preciso estar situado no alto: não os presenciar de baixo, pelo buraco
da fechadura da moralidade ou de alguma outra sabedoria."
Hegel, *A razão na história*.

CAPÍTULO I
O RETORNO DA REVOLUÇÃO SOCIAL

"O situacionismo com certeza não é o espectro que assombra a
civilização industrial, assim como em 1848 o comunismo não era o
espectro que assombrava a Europa."
François Châtelet, *Nouvel Observateur*, 3 de janeiro de 1968.

A história tem poucos exemplos de um movimento social da profundidade do que
eclodiu na França na primavera de 1968; e não apresenta nenhum sobre o qual tantos
comentaristas concordaram em dizer que era imprevisível. Essa explosão foi uma
das menos imprevisíveis de todas. O que ocorre é que, simplesmente, nunca o conhecimento e a consciência histórica de uma sociedade tinham sido tão mistificados.

Os situacionistas, por exemplo, que tinham denunciado e combatido "a organização da aparência" no estágio espetacular da sociedade mercantil, tinham
previsto anos antes exatamente a atual explosão e as suas consequências. A teoria crítica desenvolvida e difundida pela Internacional Situacionista (IS) não teve
dificuldades para observar, como premissa de todo programa revolucionário, que
o proletariado não fora abolido; que o capitalismo continuara desenvolvendo as
suas alienações; que onde quer que houvesse esse antagonismo, a questão social
colocada há mais de um século permanecia; e que esse antagonismo existia por
toda a superfície do planeta. A IS explicava o aprofundamento e a concentração das alienações pelo atraso da revolução. Esse atraso resultou claramente da
derrota internacional do proletariado desde a contrarrevolução russa, e da continuação complementar do desenvolvimento da economia capitalista. A IS sabia,
como tantos operários cuja palavra fora confiscada, que a emancipação dos trabalhadores entrava em confronto por toda parte e sempre com as organizações
burocráticas que são a sua *representação autonomizada*: a burocracia constituída em classe na Rússia e posteriormente em outros países por sua tomada do
poder estatal totalitário; ou a categoria de gestores privilegiados, líderes sindicais ou de partido a serviço da burguesia moderna, trabalhando para integrar à
gestão racional da economia a força de trabalho de que se fazem corretores. Os
situacionistas constatavam que a falsificação permanente necessária para a sobrevivência desses aparatos burocráticos, falsificação dirigida em primeiro lugar
contra todos os atos e todas as teorias revolucionárias, era uma peça central da
falsificação generalizada da sociedade moderna. Também tinham reconhecido,
e se esforçaram por unir-se a elas, as novas formas de subversão, cujos primei-

ros sinais estavam se acumulando, e que começavam confusamente a extrair das condições opressivas unificadas a perspectiva de uma crítica total. Assim, os situacionistas sabiam e demonstraram a possibilidade e a iminência de um novo começo da revolução. Para muitos, essas perspectivas pareciam paradoxais, senão dementes. Agora vimos!

No presente retorno da revolução, como é natural, é o *próprio movimento histórico* que é *inesperado* para os pensadores do Estado e para toda a ralé da pseudocrítica. O certo é que a análise só alcança o real tomando partido no movimento real que suprime as condições existentes. É a carência organizada desse tipo de análise que faz com que o processo vivido por todos não seja legível para todos. É por isso que os *aspectos familiares* da vida alienada, e da rejeição a essa vida alienada, não são até agora *conhecidos*. Mas para a crítica revolucionária que traz ao movimento prático a sua própria teoria, deduzida dele e levada à coerência que ele procura, certamente nada era mais previsível, nada foi mais previsto[7] do que a nova era das lutas de classes inaugurada pelo movimento de ocupações.

Os stalinistas, ideólogos da forma burocrático-totalitária da exploração, foram reduzidos a uma função puramente conservadora na França, como em outros lugares. Há muito tempo era impossível que eles tomassem o poder, e o deslocamento internacional do monolitismo burocrático, que é a sua referência obrigatória, fecha-lhes para sempre esse caminho. Ao mesmo tempo, essa referência e a prática que ela implica também tornam impossível a sua conversão em um aparato de tipo puramente reformista burguês. A variante maoísta, que pela contemplação religiosa de um oriente revolucionário fantasioso reproduz ilusoriamente o período conquistador do stalinismo, recitava suas traduções em um vácuo perfeito. As três ou quatro seitas trotskistas disputavam amargamente entre si a glória de começar 1917 de novo, assim que finalmente restaurassem o partido idôneo. Esses "bolcheviques ressuscitados" eram fanáticos demais pelo passado revolucionário e por seus piores erros para conseguir sequer olhar para a sociedade moderna. Alguns misturavam a esse exotismo histórico o exotismo geográfico do revolucionarismo subdesenvolvido, mais ou menos guevarista[8]. Se todos eles conseguiram arrebanhar alguns militantes recentemente, não foi de-

---

7   Philippe Labro, descrevendo a atmosfera francesa antes da crise em seu livro *Isso é só o começo* (EPP Denoël), aventura-se a observar que "os situacionistas achavam que estavam falando no vácuo" (página 8). Isso é uma audaciosa inversão da realidade. É claro que era Labro – como muitos outros – quem acreditava que os situacionistas estavam falando no vácuo (Nota dos Autores).

8   Em referência a Ernesto "Che" Guevara (1928-1967), revolucionário marxista e internacionalista argentino. Foi

vido à atualidade de suas análises ou ações, mas à decadência contemporânea das burocracias ditas comunistas.

Quanto aos pseudopensadores modernistas da contestação no varejo, dejetos que tinham feito carreira nas pseudociências ditas humanas e que pensavam por todas as revistas semanais, é claro que não eram capazes de entender, e muito menos de prever, o que quer que fosse. Na verdade, estavam submetidos ecleticamente a quase todos os aspectos da falsificação do velho mundo. Estavam ao mesmo tempo ligados ao Estado burguês, ao stalinismo sem fôlego, ao castro-bolchevismo rejuvenescido, à psicossociologia e até mesmo à sua própria vida miserável. Respeitavam tudo. Mentiam sobre tudo. E são encontrados ainda hoje, prontos para nos explicar tudo!

Ao contrário daquela grande parte das massas que, movida pela crise revolucionária de maio, começou a entender o que estava vivendo e o que tinha vivido até então – e os que puderam desenvolver uma consciência mais clara reconheceram a teoria total da revolução como sua própria teoria –, todos os especialistas em ideologia ou em militantismo supostamente contestatários e subversivos não entenderam nada, assim como antes não tinham previsto coisa alguma. Nessas circunstâncias, o que é que eles podiam fazer? Só dar pena. Voltaram a tocar serenamente a mesma música do naufrágio daquele tempo morto em que podiam acreditar ser a futura elite da revolução. As canções planejadas por tanto tempo para o seu batismo foram cantadas no seu funeral.

Na verdade, o processo de reaparecimento da crítica teórica e da crítica em atos constituía historicamente uma unidade objetiva. As novas necessidades dos tempos criaram a sua própria teoria e os seus teóricos. O diálogo que assim se anunciava, embora limitado e alienado pelas condições gerais da *separação*, caminhava em direção à sua organização subjetiva consciente e, pelo mesmo movimento, cada uma dessas críticas começava a descobrir todas as suas tarefas. Ambos surgiram *antes de mais nada* como uma luta contra os novos aspectos da exploração na sociedade de classes. Por um lado, as greves selvagens no Ocidente e insurreições operárias no Leste inauguraram na prática a luta contra as diferentes vertentes da burocracia. Por outro lado, a teoria revolucionária atual começou como crítica das condições de existência inerentes ao capitalismo superdesenvolvido: a pseudoabundância *da mercadoria* e a redução da vida ao *espetáculo*, o urbanismo repressivo e a ideologia – entendida como sempre a serviço de especialistas da

---

um dos ideólogos e comandantes, junto a Fidel Castro (1926-2016), da Revolução Cubana (1959), movimento armado e guerrilheiro que destituiu o ditador Fulgencio Batista e alinhou o país ao bloco socialista (NT).

dominação. Quando a Internacional Situacionista formulou uma teoria coerente dessa realidade, mostrou ao mesmo tempo a negação pela realização conjunta da arte e da filosofia na libertação da vida cotidiana[9]. O que era tão radicalmente novo encontrava-se assim com toda a antiga verdade do movimento proletário temporariamente recalcado. O programa atual redescobre em um patamar mais alto o projeto de abolição das classes, do acesso à história consciente, da construção livre da vida; e redescobre como sua a forma dos *Conselhos de Trabalhadores*.

O novo desenvolvimento revolucionário nos países industrializados, que estão no centro de toda a história moderna, remonta ao levante de 1953 dos trabalhadores de Berlim Oriental, que opuseram à impostura burocrática no poder a sua exigência de "um governo de metalúrgicos". A revolução húngara de outubro de 1956 esboçou a realização do poder dos conselhos, embora com base em um país insuficientemente industrializado e nas condições específicas de um levante nacional contra a opressão estrangeira, o empobrecimento e o terror generalizado.

A agitação estudantil desencadeada em Berkeley no final de 1964 punha em causa a organização da vida nos países capitalistas mais desenvolvidos, começando pela natureza do ensino, e deu o sinal da revolta que se espalhou desde então por quase todos os países europeus[10]. Mas essa revolta, embora avançada em alguns dos seus temas principais, não deixou de ser *parcial*, porque ficou limitada ao "meio estudantil" – já por si sujeito a mudanças rápidas segundo as exigências do capitalismo moderno – e porque a sua recente consciência política continuava sendo fragmentária e sujeita a várias ilusões neoleninistas, entre elas muitas vezes o respeito beócio pela farsa maoísta da "revolução cultural". A questão negra, a guerra no Vietnã e Cuba tiveram um papel desproporcional e mistificador na luta, que, apesar disso, foi bem real, dos estudantes americanos. Esse "anti-imperialismo", reduzido a uma aprovação puramente contemplativa, quase sempre dominou os movimentos estudantis da Europa. No verão de 1967, as manifestações dos estudantes de Berlim

---

9 A palavra "situacionismo", nunca utilizada pela IS, que é radicalmente hostil a toda fixação doutrinária de uma *ideologia*, foi exaustivamente manipulada pela imprensa, acompanhada pelas definições mais fantasiosas: "vanguarda do movimento estudantil" para a *20 Ans* de junho 1968, técnica de "terrorismo intelectual" para o *Journal du dimanche* de 19 de maio, etc. Apesar das evidências de um desenvolvimento pela IS do pensamento histórico oriundo do método de Hegel e Marx, a imprensa dedicou-se a assimilar os situacionistas ao anarquismo. A definição da *Carrefour* de 8 de maio, "Mais anarquistas que os anarquistas, que julgam burocráticos demais", é o modelo do gênero (NA).

10 Deve-se notar, contudo, a persistência das lutas nas ruas lideradas pelos estudantes radicais japoneses do *Zengakuren* desde 1960. O exemplo deles foi sendo cada vez mais citado na França nos últimos anos. A posição política da sua "Liga Comunista Revolucionária", à esquerda do trotskismo e oposta ao mesmo tempo ao imperialismo e à burocracia, era menos conhecida do que as suas técnicas de luta (NA).

Ocidental tinham dado uma virada violenta; estenderam-se por toda a Alemanha, em resposta ao atentado contra Dutschke[11]. Os italianos foram mais longe a partir de dezembro de 1967, particularmente em Turim, ocupando as suas faculdades e causando, no início de 1968, o fechamento das principais universidades do país[12].

Na crise atual do poder burocrático na Tchecoslováquia, único país industrialmente avançado jamais conquistado pelo stalinismo, se há, essencialmente, uma tentativa arriscada da classe dominante de corrigir por si mesma o funcionamento da sua economia em grave decadência, foi sob pressão da agitação realizada no final de 1967 por estudantes e intelectuais que a burocracia decidiu correr esse risco. Os trabalhadores, que entram em greve e começam a reivindicar a gestão direta das fábricas, são agora a principal ameaça contra uma ordem burocrática obrigada a fingir uma liberalização.

A apropriação burocrática da sociedade é inseparável da posse totalitária do Estado e do reinado absoluto da sua ideologia. A ausência de censura, a garantia de liberdade de expressão e o direito de associação colocam, a curto prazo na Tchecoslováquia, essa alternativa: ou a repressão, confessando o caráter factício dessas concessões, ou o assalto proletário contra a propriedade burocrática do Estado e da economia, que seria desmascarada assim que a ideologia dominante fosse obrigada a privar-se por algum tempo da onipresença da sua polícia. O resultado de um tal conflito[13] é do mais alto interesse para a burocracia russa, cuja sobrevivência estaria ameaçada por uma vitória dos trabalhadores tchecos.

11 Rudi Dutschke (1940-1979) foi um sociólogo e ativista alemão, liderança eminente do movimento estudantil de coloração libertária na Alemanha ocidental. Em 1962, Dutschke funda com Bernd Rabehl uma seção berlinense do grupo *Subversion Aktion*, de Munique, de inspiração situacionista. Em 1968, é vítima de uma tentativa de assassinato por Josef Bachmann, um simpatizante de grupos da extrema-direita alemã (Bachmann era leitor da revista *National Zeitung*) (NT).

12 "Sobre a agitação anterior entre estudantes de vários países, teria sido preciso citar o Congo, com o notável caso da ocupação da Universidade Lovanium em Kinshasa, em 1967, antes de Turim e de tudo o que viria a seguir na Europa. Lá, os estudantes revolucionários foram cercados pelo exército no *campus* que ocupavam. Não conseguiram marchar para a cidade onde os trabalhadores esperavam a chegada deles para sublevar-se. O regime de Mobutu decretou o fechamento da universidade, exigindo a rematrícula pessoal de cada estudante, que tinha de se comprometer a obedecer no futuro as normas universitárias (técnica depois adotada pelo ministro Edgar Faure). Mas a solidariedade dos estudantes forçou o governo a abandonar essa medida. Sabe-se que, depois, no dia 4 de junho de 1969, a Universidade Lovanium (onde é possível discernir algumas influências situacionistas) sublevou-se de novo, não como alegado pelo governo, por um aumento de 30% das bolsas recebidas, mas para derrubar o regime. Dessa vez, o exército atirou; houve dezenas de mortos e centenas de prisões". Cf. IS. "Additif au livre de Viénet" (Adendo ao livro de Viénet). In: *Internationale Situationniste*, n° 12, 1969, pp. 84-85 (NT).

13 Três semanas depois que o livro foi entregue à editora, a intervenção do exército russo na Tchecoslováquia, em 21 de agosto, mostrou que a burocracia tinha de interromper a qualquer preço o processo em curso. Todos os "companheiros de viagem" ocidentais da burocracia, que agora manifestam espanto e pesar, são naturalmente menos lúcidos do que os seus senhores acerca dos interesses vitais destes. *(Nota adicionada em outubro de 1968, René Viénet)*

Em março, o importante movimento dos estudantes poloneses também abalou o regime de Gomulka[14], resultante da reforma burocrática bem sucedida após a crise de 1956 e do esmagamento dos trabalhadores húngaros. A suposta independência de Gomulka em relação a Moscou foi desmascarada. Mas dessa vez a classe operária não se juntou aos estudantes, que foram reprimidos no isolamento. Apenas pseudo-operários, militantes do partido e policiais paralelos das milícias intervieram nesse momento da crise.

Foi na França que um limiar decisivo foi atravessado, que o movimento encontrou os seus objetivos profundos. Os trabalhadores de um país capitalista moderno voltaram em massa a uma luta radical. Tudo foi questionado. As mentiras de uma era desmoronaram. Nada pode continuar existindo como antes. A Europa pode pular de alegria, exclamando: "Bem cavado, velha toupeira!"[15]

O escândalo situacionista de Strasbourg, em dezembro de 1966[16], soou o toque de finados do sindicalismo estudantil na França. O escritório local da União Nacional dos Estudantes da França (UNEF[17]) de repente se declarou a favor das te-

14 Wladyslaw Gomulka (1905-1982), membro do Partido Comunista Polonês (PCP) a partir de 1926. Em 1943, com o apoio de Stalin, conseguiu reerguer o PCP como Partido dos Trabalhadores Polacos. Foi primeiro-ministro, entre janeiro e junho de 1945, durante o Governo Provisório da República, e depois durante o Governo Provisório da União Nacional, de 1945 a 1947. Foi preso, em função de querelas entre as facções políticas, entre 1951 e 1954. Em 1956, após a morte do primeiro-ministro stalinista Boleslaw Bierut, volta ao governo polonês como primeiro-secretário do Comitê Central, dando um golpe para assumir plenos poderes com o apoio do exército e da maioria do Partido Polonês. Em outubro, Stalin mobiliza o Exército Vermelho a marchar sobre Varsóvia, mas, em novembro, recua após assegurar-se de que o governo de Gomulka não seria anticomunista nem antissoviético. O "outubro polonês" aconteceu algumas semanas antes do levante de Budapeste contra a República Popular da Hungria e sua burocracia alinhada a Moscou (NT).

15 A frase, que remete ao *Hamlet* de Shakespeare ("bem dito, velha toupeira"), foi consagrada por Karl Marx em *O 18 Brumário de Luís Bonaparte*. Com ela, Marx se referia às revoluções, que, como a "velha toupeira", que cava incessantemente por baixo da terra sem que percebamos sua trajetória, irrompem, surpreendendo a muitos, como resultado da luta de classes que jamais se detém. Antes de Marx, Hegel havia invocado a toupeira com o mesmo sentido, para se referir às astúcias e surpresas da história; depois dele, a frase foi retomada por inúmeros revolucionários, como Lênin e Rosa Luxemburgo. Seu emprego aqui, no contexto de maio-junho de 1968, tem especial pertinência: o levante era considerado imprevisível pelos que acreditavam que a luta de classes estava morta em uma sociedade com pleno emprego e Estado de bem-estar social (NT).

16 Cf. "Nossos objetivos e métodos do escândalo de Strasbourg". In: *Situacionista: teoria e prática da revolução*. São Paulo: Conrad, 2002 (Coleção Baderna), pp. 61-74. Tradução de Francis Wuillaume e Leo Vinicius (NT).

17 Organização representativa estudantil fundada em 1907 e presente em todas as universidades francesas (exceto na ilha de Córsega). Na ocasião das greves de maio-junho de 1968, era dirigida por seu vice-presidente, Jacques Sauvageot. Às vésperas do levante, a UNEF era uma instituição desacreditada entre os estudantes. Alguns grupos da esquerda comunista e não comunista disputavam seu comando, entre eles trotskistas e membros do Partido Socialista Unificado (PSU). Em 1966, o tipo de sindicalismo estudantil que a UNEF representava seria alvo das franjas mais radicalizadas do movimento estudantil francês, especialmente em Strasbourg, Nantes e Nanterre, bem como da crítica situacionista, sistematizada por Khayati no libelo "A miséria do meio estudantil" (1966). In: *Situacionista: teoria e prática da revolução*. São Paulo: Conrad, 2002, pp. 27-61 (NT).

ses da IS, publicando a brochura de Mustapha Khayati, "Sobre a miséria no meio estudantil[18]. O método empregado, os processos que se seguiram e a coerência implacável do texto foram a causa do grande sucesso desse libelo.

Pode-se dizer que essa foi uma primeira tentativa bem-sucedida de começar a comunicar a teoria revolucionária às correntes que a justificam. Várias traduções estenderam particularmente o alcance do texto, sobretudo nos Estados Unidos e na Itália. Se o seu efeito prático imediato foi menos visível na França, foi porque na época esse país ainda não estava envolvido nas lutas já iniciadas em outros lugares. No entanto, os seus argumentos podem não ter sido estranhos ao desprezo que uma fração dos "estudantes" franceses, muito mais claramente do que em qualquer outro país, viria a demonstrar algum tempo depois pelo conjunto do meio estudantil, por suas regras e suas metas.

A riqueza da situação revolucionária na França, que desferiu contra o stalinismo o golpe mais difícil que ele já sofreu no Ocidente, é expressada pelo simples fato de a classe trabalhadora ter assumido espontaneamente uma grande parte de um movimento que era explicitamente uma crítica da hierarquia, da mercadoria, da ideologia, da sobrevivência e do espetáculo. Além disso, é significativo observar que as posições ou as frases dos dois livros de teoria situacionista publicados na França nos últimos dias de 1967[19] foram transpostas às paredes e muros de Paris e de várias cidades do interior pela corrente mais avançada do levante de maio; a maioria dessas teses ocupou a maior parte das paredes. Como era de se esperar, a teoria situacionista tornou-se uma força prática ao tomar as massas.

---

18 O texto pode ser encontrado em: *Situacionista: teoria e prática da revolução*. Ed. cit., pp. 27-59. Tradução de Francis Wuillaume e Leo Vinicius (NT).

19 *A sociedade do espetáculo*, de Guy Debord (Éditions Buchet-Chastel) e *A arte de viver para as novas gerações*, de Raoul Vaneigem (Gallimard) (NA). O primeiro foi publicado no Brasil pela editora Contraponto, com tradução de Estela dos Santos Abreu; o último, pela editora Veneta, na coleção Baderna, com tradução de Leo Vinicius (NT).

CAPÍTULO II
AS ORIGENS DA AGITAÇÃO NA FRANÇA

"Com certeza também os utópicos conseguem ver corretamente a situação de fato de que se deve partir. Se não deixam de ser meros utópicos, é porque são capazes de ver essa situação como um fato ou, no máximo, como um problema a resolver, sem chegar a entender que é precisamente nele, no problema em si, que também estão dadas a solução e a maneira de chegar a ela."
Lukács, *História e consciência de classe*.

A recusa que em vários países já se manifestava em amplos setores da juventude era na França expressada apenas por uma parte mínima de grupos avançados. Não se observava nenhuma tendência a uma "crise" econômica, ou sequer política. A agitação desencadeada em janeiro de 1968 em Nanterre, por quatro ou cinco revolucionários que viriam a constituir o grupo dos *Enragés*, resultou, em menos de cinco meses, em uma quase liquidação do Estado. Isso dá o que pensar. A crise profunda que estava latente na França, portanto, existe paralelamente em todas as outras sociedades burguesas modernas. O que faltava era a consciência de uma perspectiva revolucionária real e a sua organização prática. Nunca antes uma agitação feita por um número tão pequeno de indivíduos levou em tão pouco tempo a tais consequências.

O regime gaullista em si não tinha importância particular na origem dessa crise. O gaullismo não é nada mais que um regime burguês trabalhando pela modernização do capitalismo, assim como o trabalhismo de Wilson[20]. Sua principal característica e seu sucesso residem no fato de que a oposição na França é ainda mais incapaz do que em outros países de atrair apoio para fazer a mesma coisa. No entanto, é preciso observar duas características específicas: a subida do gaullismo ao poder através de conspirações e golpe militar, que o marcou com um certo desprezo pela lei; a preocupação pessoal com um prestígio arcaico em De Gaulle[21].

---

20 Harold Wilson (1916-1995), político trabalhista, primeiro-ministro do Reino Unido entre 1964-1970 e depois entre 1974-1976 (NT).

21 A ironia dos tempos fez com que esse prestígio, de que a França careceu tão completamente por quase cem anos, só começasse a reaparecer com o movimento recente, justamente o que despedaçou o prestígio do gaullismo (NA). Charles de Gaulle (1890-1970) foi presidente da França de 1959 a 1969 (NT).

Ainda que sem apresentar qualquer característica mais dramática, a modernização da economia francesa e a sua adaptação ao Mercado Comum[22] foram um tanto recessivas. Levaram a um ligeiro declínio dos salários reais por conta das modificações na política da Previdência Social e a um aumento do desemprego, especialmente para os trabalhadores mais jovens. Esse foi o pretexto para o exemplar motim operário de Caen em janeiro, passando por cima das reivindicações sindicais e saqueando lojas. Em março, os metalúrgicos da fábrica Garnier em Redon conseguiram levar sua greve vitoriosa a todas as empresas da cidade, criando a sua própria liga independente de sindicatos e organizando a autodefesa para afastar a tropa de choque.

As repercussões diretas do golpe de Strasbourg se fizeram sentir antes de mais nada no campus de Jussieu, perto de Lyon, cujos residentes, desde a primavera de 1967, aboliram radicalmente por várias semanas os regulamentos, superando assim o debate acadêmico sobre a reforma dos estatutos antissexuais[23]. A partir de novembro de 1967, alguns "estudantes" de Nantes não pararam por aí. Após terem se apoderado da seção local da UNEF, como em Strasbourg, decidiram pelo fechamento do "Escritório de Assistência Psicológica Universitária" (BAPU). Depois disso, organizaram várias vezes a invasão das residências universitárias: os rapazes nas residências das moças e vice-versa. Então, em fevereiro, ocuparam a reitoria de Nantes, e entraram em fortes confrontos com a polícia. Como escreveu a revista *Rivarol*[24] de 3 de maio de 1968, "não podemos esquecer que a partir de fevereiro os motins de Nantes mostraram a verdadeira face dos 'situacionistas', 1.500 estudantes atrás de bandeiras vermelhas ou negras, o Palácio da Justiça ocupado..."

A formação do grupo dos *Enragés* ocorreu por ocasião de uma luta contra a presença da polícia no campus de Nanterre. Policiais à paisana foram fotografados. Em

---

22 Seis anos após assinarem o Tratado de Paris (1951), que instituiu a Comunidade Européia do Carvão e do Aço (CECA), França, Itália, Alemanha Ocidental, Bélgica, Holanda e Luxemburgo decidiram ampliar sua união: em março de 1957, surgia a Comunidade Econômica Europeia, entidade que logo passou a ser chamada de Mercado Comum Europeu (MCE). Os países associados formariam uma única zona econômica, isenta de tarifas alfandegárias para os produtos industriais; os agrícolas teriam livre circulação, preços estáveis e proteção contra os provenientes de outras áreas. A união foi selada pelo Tratado de Roma e entrou em vigor no dia 1º de janeiro de 1958 (NT).

23 Até 1968, as regras que vigoravam nas cidades e campi universitários franceses feriam gravemente a liberdade sexual dos estudantes. Na França, tais regulamentos eram mais rígidos do que em países como Inglaterra, Suécia ou Alemanha. As residências universitárias não eram mistas, e a visitação de estudantes do sexo masculino aos pavilhões destinados às estudantes era proibida. Campanhas educativas sobre contracepção e direitos reprodutivos eram censuradas. Essa situação foi um dos estopins da crise na faculdade de Nanterre, entre 1967 e 1968 (NT).

24 Revista francesa de extrema-direita (NT).

26 de janeiro, as fotos ampliadas foram exibidas em painéis dentro da faculdade. Esse ato levou imediatamente à intervenção de sessenta policiais uniformizados convocados pelo diretor Grappin[25], repelidos após um breve enfrentamento. Todos os militantes dos grupos esquerdistas[26], cerca de uma centena, se juntaram ao núcleo inicial. Este era formado pelos *Enragés* propriamente ditos e por uma dúzia de anarquistas. Todos os *Enragés* estavam entre os elementos inassimiláveis do atual sistema universitário. Além disso, esses "bandidos do campus" tinham estabelecido um acordo teórico sobre a plataforma da Internacional Situacionista. Propunham-se perturbar sistematicamente a insuportável ordem das coisas, começando pela Universidade.

O terreno era particularmente revoltante. Nanterre era tão moderna na seleção dos seus catedráticos como na sua arquitetura. É lá que pontificavam os bedéis pedantes do pensamento submisso, os pústulas da recuperação, os presunçosos

---

25 Conhecido desde então como Grappin-la-Mattraque [Grappin-Cassetete] (NA). Pierre Grappin foi diretor da Faculdade de Letras de Nanterre (na época um anexo da Universidade de Paris; hoje Universidade de Paris-Nanterre – Paris-X) de novembro de 1964 a novembro de 1968 (NT).

26 No original, o termo que aparece é "*gauchistes*", que corresponderia a "esquerdistas". Sabe-se que os situacionistas achavam inadequado o uso do termo "esquerdismo" para se referir à história da autoemancipação proletária no século XX. No documento de dissolução da Internacional Situacionista, intitulado "A verdadeira cisão na Internacional" (1972), Debord e Sanguinetti advertem que "Richard Gombin, n'*As origens do esquerdismo*, constata que 'as seitas marginais de outrora tomaram a dimensão de um movimento social', o qual já demonstrou que o 'marxismo-leninismo organizado' não é mais o movimento revolucionário. Ao fazer uso do termo bastante inadequado de 'esquerdismo', Gombin se recusa, pois, legitimamente, a alinhar-se aos redundantes discursos neoburocráticos, dos numerosos trotskismos aos diferentes maoísmos" (§ 20). Entretanto, o sentido original do termo, que remete à polêmica entre esquerdistas e leninistas no período de formação da III Internacional Comunista, nos parece reservar algumas vantagens explicativas em relação a outros termos frequentemente usados para designar grupos de orientação conselhista, como "autonomista" e/ou "marxista-libertário", termos que ainda não dispõem de um aparato conceitual e teórico que os distingam claramente, como é o caso do esforço de Gombin, da extrema-esquerda, isto é, "dos numerosos trotskismos aos diferentes maoísmos" de que falava Debord. De acordo com Gombin: "Como movimento que se pensa, o esquerdismo é ao mesmo tempo uma crítica, uma prática e uma teoria. Uma crítica que vai da revisão do marxismo até a negação deste como teoria revolucionária [...] O esquerdismo, nesta óptica, aparece como uma prática revolucionária por toda a parte onde a luta de classes rompe o quadro preestabelecido pelas organizações tradicionais: portanto, em toda a parte onde ela é dirigida ao mesmo tempo contra o sistema e contra as direções operárias" (*As origens do esquerdismo*, 1972). Por esse motivo, Gombin distingue conceitualmente o esquerdismo dos movimentos de extrema-esquerda, como as diferentes "oposições de esquerda" aos PCs (trotskistas, maoístas) que, "atacando o partido em consequência da sua traição à teoria ou à prática (ou às duas) marxista-leninistas", têm o objetivo de ir "até o extremo da doutrina comunista, e não substituí-la". Parece-nos que o uso do termo pelos situacionistas, ora se referindo a grupos de orientação conselhista, ora a grupos de extrema-esquerda, é que era "inadequado", mais do que o termo em si. Por outro lado, compreende-se o esforço de dissociação dos situacionistas para com ele, afinal, as posições situacionistas nunca foram, efetivamente, conselhistas, tampouco de extrema-esquerda (NT).

modernistas da integração social, os Lefebvre[27] e os Touraine[28]. O cenário combinava com os "grandes conjuntos" e com as favelas que lhe são complementares: o urbanismo do isolamento havia incorporado um centro universitário, como microcosmo das condições gerais de opressão, como espírito de um mundo sem espírito. Portanto, o programa de não deixar que os especialistas da falsificação continuassem falando *ex cathedra* e de dispor das paredes para um vandalismo crítico teria um enorme efeito. Esse programa foi uma via de escape para o protesto estéril dirigido durante anos contra as aporrinhações nas residências universitárias ou a reforma Fouchet[29], doces favoritos da UNEF e de todos os que que cobiçavam dirigi-la.

Quando os *Enragés* começaram a interromper as aulas de sociólogos e outros professores, a UNEF e seus entristas esquerdistas reagiram com indignação. Em várias ocasiões, eles próprios tentaram garantir a proteção dos professores. Os anarquistas, embora alguns deles também tivessem ambições relativas à seção local da UNEF, mantiveram-se neutros. Entre eles, Daniel Cohn-Bendit, que, já tendo conquistado certa reputação ao pedir desculpas por insultar um ministro, nem por

27 Henri Lefebvre (1901-1991) foi um teórico marxista francês, professor de sociologia na faculdade de Nanterre, onde coordenava o *Grupo de pesquisas sobre a vida cotidiana*. Próximo dos surrealistas nos anos 1920, membro fiel do PCF durante os anos 1930 e 1940, suas críticas dirigidas ao Comitê Central do Partido durante a revolução húngara de 1956, embora realizadas já no contexto de desestalinização iniciado a partir do XX Congresso do PCUS, custaram-lhe a expulsão no ano de 1958. Em 1961, Lefebvre convida Debord para apresentar uma comunicação sobre a vida cotidiana aos pesquisadores do *Grupo*. No dia 17 de maio, Debord emite sua exposição gravada por um magnetofone, diante do grupo de sociólogos. Intitulado *Perspectivas de modificações conscientes da vida cotidiana*, esse texto reapareceu modificado no sexto número da revista da IS, em agosto de 1961, e marca o ponto culminante das relações entre Debord e Lefebvre. A partir de fevereiro de 1963, com o panfleto "Às latas de lixo da história!" (republicado em 1969, no nº 12 da revista da IS), os situacionistas rompem publicamente suas relações com o filósofo, após acusarem-no de plagiar integralmente, em um texto publicado na revista *Arguments*, no segundo semestre de 1962, intitulado "A significação da Comuna", as teses dos situacionistas "Sobre a Comuna", publicadas na revista da IS, no primeiro semestre de 1962. Nas palavras do próprio Lefebvre, em entrevista concedida em 1983 a Kristen Ross, sua aproximação com os membros da IS "foi uma história de amor que terminou mal, muito mal" (NT).

28 Touraine tinha descoberto, no final dos anos 50, que o proletariado havia desaparecido. E insiste em julho de 1968: "Afirmo que a classe operária como classe não é mais no conjunto uma classe revolucionária na França" (*em* Labro, *Isto é só o começo*) (NA). Alain Touraine (1925-) é um sociólogo francês, estudioso dos chamados "novos movimentos sociais" (pós-68) e teórico da "sociedade pós-industrial". Touraine fora alvo, no biênio 1967-68, junto com outros professores de orientação liberal do departamento de Sociologia da faculdade de Nanterre, como Bourricaud e Crozier, da crítica de estudantes como Daniel Cohn-Bendit (então aluno do terceiro ano de sociologia), Jean-Pierre Duteuil, Bertrand Gérard e Bernard Garnautier, autores de um célebre panfleto intitulado *Porquoi des sociologues?* [Por que sociólogos?], datado de maio de 68 (NT).

29 Christian Fouchet (1911-1974) foi Ministro da Educação Nacional entre 1962 e abril de 1967. Sob seu comando, o Estado pretendia reformar o sistema universitário francês. Como a economia francesa não estava mais conseguindo empregar toda a mão-de-obra formada no país, o Plano Fouchet, como ficou conhecido, objetivava selecionar, controlar e, principalmente, limitar a formação de profissionais nas universidades. Em janeiro de 1968, o seu substituto na direção do Ministério da Educação Nacional, Alain Peyrefitte, resumiria o Plano de seu antecessor, ao dizer que "tem estudantes demais nas universidades" (NT).

EM NANTERRE

E NÃO SÓ LÁ, NÃO HÁ MAIS ACASO.
A PROBABILIDADE FAZ A CUMPLICIDADE
ENQUANTO A SORTE ATA OS ENCONTROS.
É AÍ QUE A FELICIDADE E A TRISTEZA GANHAM FORMA.

AS IDEIAS MELHORAM. O SENTIDO DAS PALAVRAS MUDA.
TUDO O QUE É DISCUTÍVEL TEM QUE SER DISCUTIDO.
O AZUL CONTINUARÁ CINZA ENQUANTO NÃO FOR REINVENTADO.
ESPALHEM ESSA NOTÍCIA!

é com vocês, camaradas!

isso escapou à ameaça de ser expulso da UNEF – de que ele fazia parte – por uma moção dos trotskistas da futura "Federação de Estudantes Revolucionários" (que era então a CLER[30]). E a CLER só retirou sua moção porque Cohn-Bendit, de nacionalidade alemã, foi na época convocado a comparecer perante a comissão de expulsões da chefatura de polícia. Uma certa agitação política começava já a ecoar os escândalos dos *Enragés*. Instaurou-se o costume de distribuir panfletos no interior das instalações universitárias. A canção dos *Enragés* sobre Grappin – a famosa "Grappignole" ("Grappinhola") – e o seu primeiro cartaz em quadrinhos apareceram por ocasião do "dia nacional" de ocupação das residências universitárias, 14 de fevereiro. Por todos os lados, o tom se elevava.

Em 21 de fevereiro, o *Le Nouvel Observateur*[31] chorava sobre Nanterre: "A esquerda explodiu"; e isso incluía até o "grupo *Enragés*, que não compreende mais que três ou quatro representantes da Internacional Situacionista". No mesmo dia, um panfleto dos *Enragés* afirmava que eles "nunca pertenceram à Internacional Situacionista e, portanto, não podem representá-la. O jogo ficaria bom demais para a repressão se toda manifestação um pouco mais radical no campus fosse obra de um complô situacionista! [...] Dito isso, aproveitamos para reafirmar a nossa simpatia pela crítica situacionista. Os nossos atos servirão para julgar o nosso acordo com a teoria radical".

Em 22 de março, os grupos esquerdistas, para protestar contra a prisão em Paris de seis "militantes anti-imperialistas", invadiram o prédio da administração e fizeram uma assembleia na sala do conselho da faculdade. Em nome dos *Enragés*, René Riesel exigiu imediatamente que fossem expulsos dois observadores da administração e os poucos stalinistas presentes. Tendo um responsável anarquista, colaborador habitual de Cohn-Bendit, sustentado que "os stalinistas que estão aqui esta noite não são mais stalinistas", os *Enragés* abandonaram imediatamente o recinto em protesto contra essa ilusão covarde. Além disso, eles tinham sido acusados de querer saquear o local. Sentiram-se obrigados a escrever os seus slogans nas paredes, inaugurando assim uma forma de agitação cujo sucesso foi estrondoso, e que veio a tornar-se uma das características originais do período das ocupações. A reunião de elementos esquerdistas de várias afiliações, que nas semanas seguintes receberia da imprensa os seus nomes sucessivos – "Movimento dos 142" e depois "Movimento 22 de Março" –, começou, assim, naquela noite, a constituir-se sem os *Enragés* e contra eles.

---

30 Comitê de Ligação dos Estudantes Revolucionários (NT).

31 Tradicional semanário francês de centro-esquerda, um dos mais vendidos do país (NT).

[32] François Bourricaud (1922-1991), professor, de orientação liberal, do Departamento de Sociologia da Faculdade de Nanterre. Tratado de Latrão: assinado, em 1929, por Mussolini e o cardeal Pietro Gasparri. O Tratado criava o Estado do Vaticano, dando-lhe total autonomia e conferindo ao papa o poder de chefe de Estado. Para que fosse reconhecido o novo Estado, a Igreja Católica abriu mão dos territórios que possuía desde a Idade Média e reconheceu Roma como capital da Itália. Em contrapartida, a religião católica tornou-se a religião oficial do país e, entre outras coisas, foi instituído o ensino religioso obrigatório (o que vigorou até 1978, quando a Itália tornou-se um Estado laico) (NT).

O "Movimento 22 de Março" foi desde o início um conglomerado eclético de indivíduos que aderiam a ele a título pessoal. Todos concordavam sobre o fato de que era impossível chegar a um acordo sobre qualquer questão teórica, e contavam com a "ação comum" para superar essa carência. Havia, no entanto, um consenso sobre dois assuntos, um de uma banalidade risível e outro uma nova exigência. A banalidade era a "luta" anti-imperialista, legado do período grupuscular contemplativo que chegava ao fim: Nanterre, Vietnã de subúrbio, apoiando decididamente a justa luta da Bolívia insurgente. A novidade era a democracia direta na organização. É verdade que essa intenção foi apenas parcialmente realizada no "22 de março", devido à dupla filiação, discretamente calada ou nunca considerada, da maioria dos seus membros. Havia maoístas, filiados à JCR[33], anarquistas de todos os tipos – das ruínas da "Federação Anarquista" aos ativistas da "Federação Ibérica das Juventudes Libertárias" – e até os suspeitos ou cômicos dos "grupos de pesquisa institucional" (FGERI[34])[35].

O próprio Cohn-Bendit pertencia ao grupo anarquista independente, e semi-teórico, da revista *Noir et Rouge*. Seja por esse motivo, seja pelas suas qualidades pessoais, Cohn-Bendit se encontrava na tendência mais radical do "22 de Março"; ele era até mais verdadeiramente revolucionário do que todo o resto do movimento do qual se tornou porta-voz e que, portanto, precisou suportar[36]. Insuficientemente inteligente, vagamente informado por pessoas interpostas sobre problemas teóricos da época, hábil para entreter um público de estudantes, franco o bastante para denunciar no fórum as manobras políticas esquerdistas, flexível o suficiente para compor com os seus responsáveis, era um revolucionário honesto, ainda que sem gênio. Sabia muito menos do que deveria; e não fez o melhor uso do que sabia. Além disso, aceitando sem crítica real o papel de estrela que se exibe para qualquer repórter da informação espetacular, era natural que visse as suas declarações, que sempre misturavam lucidez e alguns disparates, agravadas nessa última direção pela deformação inerente a uma comunicação desse tipo. Em abril, ele ainda de-

---

33 Jeunesse Communiste Révolutionnaire (Juventude Comunista Revolucionária), organização estudantil trotskista, ligada ao Partido Comunista Internacionalista (PCI). A JCR, o PCI e o Movimento 22 de Março estavam entre as onze organizações que foram proibidas pelo governo De Gaulle em 12 de junho de 1968 (NT).

34 Fédération des groupes d'études et de recherches institutionnelles (Federação dos grupos de estudo e de pesquisas institucionais), liderado por Félix Guattari (NT).

35 Nesse saco de gatos nunca houve um único situacionista, ao contrário da mentira de Emile Copfermann na sua apresentação da coletânea de inépcias publicada pelo "22 de Março" sob o título *Isso é só o começo, continuemos a luta* (Edições Maspero) (NA).

36 Cohn-Bendit, em diversas entrevistas, multiplicou as concessões ao maoísmo; por exemplo para a *Revue littéraire* de maio de 1968: "O maoísmo, não sei muito bem o que é. Li umas coisas do Mao que são muito verdadeiras. A tese dele de se apoiar nos camponeses sempre foi uma tese anarquista" (NT).

"Viver sem tempo morto. Gozar sem entraves"

clarava a quem quisesse ouvir que era um moderador, de modo algum um *enragé*[37]. Nesse momento, seguindo a dica de um ministro, a imprensa começava a chamar de "*enragés*" todos os descontentes de Nanterre.

Na verdade, o "22 de Março" alcançou em poucos dias o grande sucesso que realmente lhe cabe no conjunto do movimento e que não tem relação alguma com as conversas sobre a "universidade crítica" decalcadas dos exemplos alemão e italiano, que já tinham revelado a sua inanidade[38]. Enquanto todos os esforços da sua "Comissão de Cultura e Criatividade" nunca superaram um certo esteticismo revolucionário, que

---

37 Vale lembrar que a palavra *enragé*, nesse contexto, tem dupla conotação: trata-se tanto do adjetivo "enfurecido", "irado" (em oposição a "moderado"), quanto de uma referência ao grupo dos *Enragés*. Ver nota 6 (NT).

38 Todos os elogios sociológico-jornalísticos da "originalidade" do "22 de Março" ocultam o fato simples de que esse amálgama de esquerdistas, uma novidade na França, é uma cópia direta do SDS (Students for a Democratic Society) americano, igualmente eclético, democrático, e alvo frequente de entrismo por várias velhas seitas esquerdistas. O *Sunday Times* de 21 de julho, expondo com perfeita incompreensão as teses da IS, que considera como "provavelmente a mais avançada das facções radicais", vê mesmo assim que "Cohn-Bendit é um conservador ultrapassado" comparado a tais "absolutistas"... (NA).

traços insignificantes de "situacionismo" não conseguiam tornar interessante, o projeto totalmente "anti-imperialista" de fazer uma manifestação em Nanterre, em 29 de março, levou o diretor Grappin ao primeiro erro, e o de mais graves consequências, da série de trapalhadas administrativas que permitiram a rápida disseminação da agitação. Grappin fechou a faculdade por dois dias. O espectro ameaçador de "um punhado de *enragés*" tornou-se desde então uma assombração em escala nacional.

Entre os mais preocupados, o jornal *L'Humanité*[39] de 29 de março denunciava as "ações a comando de um grupo de anarquistas e 'situacionistas', de que um dos slogans macula, em letras gigantes, a fachada da faculdade: 'Não trabalhe jamais!' Para esses quarenta estudantes, há semanas a ação consiste em 'intervir' nas salas de aula, nas sessões práticas [...] ocupar edifícios e, de vez em quando, em cobrir as paredes com pichações gigantes. Como foi que quarenta elementos irresponsáveis puderam causar decisões tão graves para 12.000 estudantes de Letras e 4.000 de Direito?"

A repressão que começou nesse momento chegou tarde demais. É claro que, no dia 1º de abril, um membro do grupo dos *Enragés*, Gerard Bigorgne, pôde ser excluído por cinco anos de todas as instituições de ensino superior da França[40] sem que nem o "22 de Março" nem os seus jornalistas e nem, obviamente, nenhum outro grupo esquerdista, mencionassem o assunto. Mas as ameaças de expulsão renovadas contra Cohn-Bendit, já bastante famoso e certamente mais defensável para muita gente, a decisão anunciada no dia 6 de maio de encaminhar Cohn-Bendit, René Riesel e outros seis agitadores de Nanterre à comissão de instrução do Conselho da Universidade de Paris e o novo fechamento *sine die* de Nanterre no dia 2 de maio provocaram uma ampliação dos protestos entre os estudantes de Paris. O "22 de Março" e a UNEF convocaram para a sexta-feira, 3 de maio, uma manifestação no pátio da Sorbonne. Na tentativa de dispersar a manifestação, as autoridades descobriram a força já acumulada pelo movimento, e deram-lhe a oportunidade de passar o limiar decisivo. O quanto esse desenvolvimento parecia impossível para os *observadores* especializados fica perfeitamente evidente na fina profecia do ridículo Escarpit[41], escrevendo no *Le Monde* do dia seguinte (4 de maio): "Nada é menos revolucionário, nada é mais conformista do que a pseudo-raiva de um quebrador de vidraças, mesmo que recubra sua mandarinoclastia com uma linguagem marxista ou situacionista".

---

39 Órgão oficial do Partido Comunista Francês (PCF) (NT).

40 Era acusado de desprezo aberto pelas regras universitárias; e a sua atitude perante o Conselho Universitário foi de fato escandalosa (NA).

41 Robert Escarpit (1918-2000), jornalista e académico francês (NT).

CAPÍTULO III
A LUTA NA RUA

"Sei que os considerais como nada, porque a corte está armada; mas peço-vos que me permitais dizer-vos que se deve considerá-los muitos sempre que eles mesmos se considerem como tudo. Eles procedem da mesma forma: começam por si mesmos a considerar os vossos exércitos como nada, e a desgraça é que a sua força consiste em sua imaginação; e pode-se verdadeiramente dizer que, ao contrário de todos os outros tipos de poder, eles podem, quando chegam a um certo ponto, tudo o que acharem que podem."

Cardeal de Retz, *Memórias*.

Em si mesma, a manifestação de 3 de maio foi banal: três ou quatro centenas de manifestantes, como de costume, tinham respondido à convocação. Umas poucas dezenas de fascistas do grupo "Ocidente" fizeram uma contramanifestação no início da tarde no bulevar Saint-Michel. Vários *Enragés* que estavam na Sorbonne sugeriram organizar a autodefesa. Foi preciso quebrar móveis para compensar a ausência de porretes. O reitor Roche[42] e os seus policiais acharam que podiam aproveitar esse pretexto para reprimir. A polícia e a tropa de choque invadiram a Sorbonne sem encontrar resistência. Os estudantes foram cercados no pátio. Propuseram que eles se retirassem em liberdade. Eles aceitaram, e os policiais deixaram passar os primeiros. A operação levou tempo, e outros estudantes começaram a se juntar no bairro. Os duzentos últimos manifestantes da Sorbonne, entre eles todos os líderes, foram presos. Com a passagem dos ônibus que os transportavam[43], o Quartier Latin se sublevou.

Era a primeira vez em muito tempo em Paris que alguns milhares de manifestantes resistiam à polícia tão longa e vigorosamente. Investidas incessantes, recebidas a pedradas, foram incapazes por várias horas de liberar o bulevar Saint-Michel e as ruas vizinhas. Seiscentas pessoas foram detidas.

Como reação imediata, a União Nacional do Ensino Superior e, em seguida, a UNEF lançaram a palavra de ordem de greve ilimitada no ensino superior. A con-

---

42 Jean Roche (1901-1992) havia sido nomeado reitor da Universidade de Paris em 1961 (NT).

43 Um deles não entregou todos os cativos ao seu destino. Apenas três policiais os guardavam. Foram molestados, e algumas dezenas de manifestantes escaparam (NA).

denação de quatro manifestantes a penas de prisão, pronunciada no domingo 5 de maio, contribuiu ainda mais para endurecer a manifestação programada para 6 de maio para pressionar o Conselho Universitário.

Naturalmente, os stalinistas fizeram o melhor que puderam para quebrar o movimento. O editorial de Georges Marchais[44] no *L'Humanité* de 3 de maio, expondo essa política em um nível quase paródico, indignou a massa dos estudantes. Foi a partir desse momento que os stalinistas tiveram a palavra negada em todos os centros de agitação revolucionária que o movimento estudantil viria a criar.

Todo o dia 6 de maio foi marcado por manifestações que, desde o início da tarde, se transformaram em um motim. As primeiras barricadas foram erguidas na praça Maubert, e defendidas por três horas. Simultaneamente, houve combates na parte baixa do bulevar Saint-Michel, na praça do Châtelet e em Les Halles. No início da noite, os manifestantes, que eram mais de dez mil, dominavam principalmente a área da praça Saint-Germain-des-Prés, onde se juntou a eles, só às 18h, a maior parte da passeata organizada pela UNEF em Denfert-Rochereau[45]. "O que aconteceu depois, escreveu o *Le Monde* de 8 de maio, excedeu em violência e alcance tudo o que já havia ocorrido nesse dia já surpreendente em todos os sentidos. Foi uma espécie de combate de rua, chegando às vezes a uma espécie de frenesi, em que cada golpe dado era imediatamente devolvido, e o terreno apenas conquistado era retomado [...] Momentos dramáticos e sem sentido nos quais, para o observador, parecia soprar um vento de loucura." E o jornal *L'Aurore*[46] de 7 de maio observava: "Viam-se ao lado dos manifestantes bandos de *blousons noirs*[47] armados com

---

44 Líder do Partido Comunista Francês (NT).

45 Note-se a esse respeito a discrepância entre a atitude dos organizadores e a luta real que estava acontecendo havia horas: "no entorno da praça Denfert-Rochereau, onde não se observa a presença de nenhum policial... são erguidas barricadas com materiais de diversos canteiros de obra vizinhos, a despeito das injunções do serviço de ordem da UNEF e de várias outras organizações estudantis." (*Le Monde*, 8 de maio) (NA).

46 Fundado em 1943 e absorvido pelo jornal de direita *Le Figaro* em 1985 (NT).

47 Os *blousons noirs* (jaquetas pretas) foram uma subcultura juvenil surgida na França nos anos 1950. Influenciados pela cultura do *rock and roll* estadunidense, vestiam-se com jaquetas de couro pretas e circulavam de *scooter* pela vida noturna de Paris. O situacionista Mustapha Khayati fez um bom diagnóstico crítico desse grupo n'*A miséria do meio estudantil* (1966), valendo a pena a longa citação: "À primeira vista, os *blousons noirs* exprimem em todos os países, com a máxima violência aparente, sua recusa a se integrarem. Mas o caráter abstrato de sua recusa não lhes deixa nenhuma chance de escapar às contradições de um sistema do qual eles são o produto negativo espontâneo. Os *blousons noirs* são produzidos por todos os lados da ordem atual: o urbanismo dos grandes conjuntos habitacionais, a decomposição dos valores, a extensão do lazer consumível cada vez mais entediante, o controle humanista-policial cada vez mais estendido a toda a vida cotidiana, a sobrevivência econômica na célula familiar privada de qualquer significado. Eles desprezam o trabalho *mas* aceitam as mercadorias. Eles gostariam de possuir tudo aquilo que a publicidade lhes exibe, de modo imediato e sem que tenham de pagar. Essa contradição fundamental domina toda a sua existência e é o quadro que reprime suas tentativas de afirmação através da busca de

"A liberdade é o crime que contém todos os crimes"

barras de ferro, vindos das portas[48] de Paris para ajudar os estudantes". Os últimos confrontos continuaram após a meia-noite, especialmente em Montparnasse.

Pela primeira vez, carros foram virados e queimados; paralelepípedos foram arrancados das ruas para fazer barricadas; lojas foram saqueadas. A prática das pichações subversivas experimentada em Nanterre começou naquele dia a espalhar-se por vários bairros de Paris. À medida que se fortaleciam as barricadas e a capacidade de contra-ataque dos amotinados, as forças policiais foram sendo obrigadas a abandonar o método das investidas diretas em favor de uma luta de posições, utilizando principalmente granadas ofensivas e gás lacrimogêneo.

Esse dia marcou a intervenção na luta dos primeiros operários, dos secundaristas que desde a manhã haviam organizado manifestações importantes, dos *blousons noirs* e jovens desempregados. A espontaneidade e a violência dessa série de motins contrastava fortemente com a banalidade das metas e palavras de ordem propostas pelos seus iniciadores universitários[49]. Já o fato de os *blousons noirs* terem podido lutar gritando "A Sorbonne para os estudantes!" mostrava o fim de todo um período. Oito dias depois, esses *blousons noirs* politizados estavam em pessoa na Sorbonne.

A UNEF, que não tinha parado de repudiar a violência durante os protestos, foi obrigada desde a manhã seguinte a corrigir verbalmente a sua atitude para escapar do descrédito total e, assim, poder continuar a sua atividade moderadora. Em compensação, os stalinistas da CGT[50], para controlar os danos, preferiram afastar-

---

uma verdadeira liberdade de uso do tempo, de afirmação individual e de constituição de uma espécie de comunidade [...] Para escapar a essa contradição, o *blouson noir* deverá finalmente trabalhar para comprar mercadorias – e, aí, todo um setor da produção é expressamente dedicado à sua recuperação como consumidor (motos, guitarras, roupas, discos, etc.) – ou brigar contra as leis da mercadoria, seja de modo primário, roubando-as, seja de modo consciente, elevando-se à crítica revolucionária do mundo da mercadoria. O consumo adoça os hábitos desses jovens revoltados e sua revolta transforma-se no pior dos conformismos. O mundo dos *blousons noirs* não tem outra saída a não ser a tomada de consciência revolucionária ou a cega obediência dentro das fábricas". In: *Situacionista: teoria e prática da revolução*. São Paulo: Conrad, 2002, pp. 44-45. Contudo, os *blousons noirs* desempenhariam um papel ativo nas barricadas da rua Gay-Lussac, na madrugada do dia 10 de maio de 1968, em Paris (NT).

48 Ao longo do tempo, Paris foi cercada por várias muralhas. Nessas muralhas havia portas (ou portões), por onde se entrava e saía da cidade. Atualmente, Paris é contornada pelo chamado *Boulevard Périphérique* (Bulevar Periférico), que estabelece os limites entre ela e os subúrbios. Cada antiga "porta" da cidade corresponde hoje a um acesso ao *Boulevard Périphérique* (NT).

49 "Abaixo a repressão", "Libertem os nossos camaradas", "Fora Roche", "Liberdade sindical", "A Sorbonne para os estudantes". Deve-se observar o mesmo atraso no tom da declaração do escritório nacional da FER no dia seguinte, "[saudando] os milhares de estudantes e jovens trabalhadores que, respondendo ao apelo da UNEF *pela defesa das liberdades democráticas e sindicais*, tinham enfrentado durante todo o dia, na segunda-feira, as forças repressivas do Estado gaullista." (sublinhado pelo autor).

50 Confederação Geral do Trabalho, sindicato francês que estava então sob a direção do Partido Comunista (NT).

-se completamente da massa de estudantes para preservar o seu controle sobre os operários mantidos em isolamento. Séguy[51], em conferência de imprensa a partir das 7h da manhã, proclamou: "Nenhuma indulgência com os elementos dúbios e provocadores que denigrem a classe trabalhadora acusando-a de estar aburguesada e que têm a pretensão ultrajante de vir inculcar-lhe a teoria revolucionária e dirigir o seu combate. Com outros esquerdistas, alguns elementos dedicam-se a esvaziar o sindicalismo estudantil do seu conteúdo reivindicativo, democrático e de massas em detrimento da UNEF. Mas eles agem para a satisfação do poder [...]" Foi nesse contexto preciso que Geismar[52], Sauvageot[53] e Cohn-Bendit puderam tornar-se os líderes aparentes de um movimento sem líderes. A imprensa, o rádio e a televisão, que estavam à procura de chefes, só encontraram a eles. Eles se tornaram estrelas fotogênicas inseparáveis de um espetáculo imposto às pressas sobre a realidade revolucionária. Aceitando esse papel, falavam em nome de um movimento que não entendiam. Claro que, para fazer isso, eles também tiveram de aceitar, à medida que elas se manifestavam, a maioria das tendências revolucionárias desse movimento (sendo Cohn-Bendit o que soube refletir um pouco melhor o seu conteúdo mais radical). Mas essa Sagrada Família do neoesquerdismo improvisado, que não pode ser mais que a deformação espetacular do movimento real, apresenta também a sua imagem mais caricatural. A Trindade continuamente oferecida aos meios de comunicação representava, com efeito, o oposto da *comunicação* verdadeira procurada e realizada na luta. É evidente que esse trio de charme ideológico televisivo só poderia dizer o que fosse aceitável – e, portanto, deformado e recuperado – para um tal modo de comunicação; quando justamente o sentido do momento que os tinha tirado do nada era totalmente *inaceitável*.

A manifestação de 7 de maio foi tão bem enquadrada pela UNEF e seus entristas apressados que se limitou a uma longa caminhada permitida em um itinerário aberrante: da praça Denfert à praça de l'Étoile[54] e de volta. Os organizadores só exigiam a reabertura da Sorbonne, a retirada da polícia do Quartier Latin e a libertação dos estudantes condenados. Continuaram enchendo linguiça pelos próximos dois dias, em que apenas ocorreram escaramuças menores. Mas o governo demorou em atender às suas modestas exigências. Prometeu de fato reabrir a Sorbonne,

---

51 Georges Séguy (1927-2016) foi secretário geral da CGT entre 1967 e 1982 (NT).

52 Alain Geismar (1939-), secretário geral do Sindicato Nacional do Ensino Superior (SNESup) em maio-junho de 68. Após 68, torna-se dirigente da *Gauche Prolétarienne* (GE), uma organização "maoísta-espontaneísta" (NT).

53 Jacques Sauvageot (1943-2017), vice-presidente da UNEF em maio-junho de 68 (NT).

54 Rebatizada em 1979 como praça Charles de Gaulle (NT).

mas Sauvageot e Geismar, já acusados de traição pela base impaciente, tiveram de anunciar que o prédio seria ocupado dia e noite para permitir um *sit-in* dedicado a "discussões sobre os problemas da universidade". Nessas condições, o ministro Peyrefitte[55] manteve a custódia policial da Sorbonne, ao mesmo tempo em que reabria Nanterre como teste para medir a "boa vontade" dos estudantes.

Na sexta-feira, 10 de maio[56], mais de vinte mil pessoas se reuniram novamente na praça Denfert-Rochereau. Os mesmos organizadores discutiram o lugar a que poderiam conduzir a manifestação. Após um longo debate, decidiram-se pela ORTF[57], mas com um desvio prévio passando pelo Ministério da Justiça. Chegando ao Quartier Latin, os manifestantes encontraram bloqueadas todas as saídas em direção ao Sena, o que acabou de condenar um itinerário já absurdo. Resolveram ficar no Quartier Latin enquanto a Sorbonne não lhes fosse devolvida. Por volta de 21h, começaram espontaneamente a erguer barricadas. Todos reconheceram nisso, instantaneamente, a realidade dos seus desejos. Nunca antes a paixão pela destruição tinha se mostrado mais criativa. Todos correram para as barricadas.

Os líderes não tinham mais a palavra. E tiveram de aceitar o fato consumado, tentando tolamente minimizá-lo. Gritavam que as barricadas seriam apenas defensivas; *que não se provocasse a polícia*! Não há dúvidas de que as forças de manutenção da ordem tinham cometido um enorme erro técnico ao permitir que as barricadas fossem erguidas, sem considerar imediatamente o risco de um ataque para removê-las imediatamente. Mas a construção de um sistema de barricadas controlando firmemente todo um bairro *já era* um passo imperdoável para a negação do Estado: qualquer forma de poder do Estado estava obrigada a recuperar no mais breve prazo toda a zona de barricadas que lhe tinha sido tomada, ou desapareceria[58].

O bairro das barricadas era limitado pelo bulevar Saint-Michel a oeste, pela rua Claude Bernard ao sul, pela rua Mouffetard a leste e pela rua Soufflot e a praça do Panthéon ao norte, linhas que as suas defesas bordeavam sem controlar. As suas

---

55 Alain Peyrefitte (1925-1999), à época Ministro da Educação Nacional.

56 O Conselho Universitário, com sessão marcada para esse dia para julgar o caso de Nanterre, decidiu adiar a sessão, considerando que as condições de serenidade necessárias não estavam mais reunidas. Um panfleto anônimo distribuído a partir do dia 6, *Instruções para o uso do Conselho da Universidade de Paris*, tinha divulgado os endereços e números de telefone pessoais de todos os membros do Conselho. A declaração de René Riesel, *O castelo está em chamas!*, não pôde ser lida para os juízes e foi distribuída apenas aos manifestantes (NA).

57 Até 1974, toda a transmissão radiofônica e televisiva francesa era pública, monopolizada pelo Estado. A ORTF (Office de Radiodiffusion-Télévision Française) era a agência responsável (NT).

58 Foi por causa desse excesso de distorção ideológica sustentado pelos seus porta-vozes abusivos que tanta gente nas barricadas acreditou que a polícia poderia deixar de atacá-las (NA).

"Eu gozo nas ruas"

principais artérias eram as ruas Gay-Lussac, Lhomond e Tounefort, orientadas de noroeste a sudeste; e a rua d'Ulm na direção norte-sul. As ruas Pierre Curie e Ursulines-Thuillier eram as únicas comunicações leste-oeste. O bairro, nas mãos dos insurgentes, teve uma existência independente entre 22h e 2h da manhã. Atacado às 2h15 por forças que o cercavam de todos os lados, conseguiu defender-se por mais de três horas, sempre perdendo terreno no oeste e resistindo até as 5h30 no entorno da rua Mouffetard.

Entre 1.500 e 2.000 barricadeiros estavam ainda no perímetro no momento do ataque. Entre eles, os estudantes eram bem menos que a metade. Estavam presentes um grande número de secundaristas e *blousons noirs* e algumas centenas de operários[59]. Era a elite; era a corja. Muitos estrangeiros e muitas mulheres participaram da luta. Os elementos revolucionários de quase todos os grupos esquerdistas reuniram-se lá; havia, especialmente, uma alta proporção de anarquistas – alguns até pertencentes à FA[60] –, carregando as bandeiras negras que tinham começado a aparecer nas ruas no dia 6 de maio e defendendo acerbamente o seu reduto na intersecção das ruas Estrapade, Blainville e Thouin. A população do bairro demonstrou simpatia pelos mesmos manifestantes que queimaram os seus carros, oferecendo-lhes comida, jogando água para combater o efeito dos gases e, finalmente, dando-lhes refúgio.

As sessenta barricadas, das quais cerca de vinte eram muito sólidas, permitiam uma defesa bastante prolongada e uma retirada em combate, mas dentro de um perímetro restrito. O fraco armamento improvisado e, especialmente, a desorganização que impedia os contra-ataques ou as manobras para expandir a zona de combate deixaram os manifestantes presos em uma rede.

As últimas pretensões dos que aspiravam pôr-se à frente do movimento desabaram naquela noite na renúncia vergonhosa, ou em pura impotência. A FER[61], que tinha as tropas mais bem enquadradas, fez desfilar os seus quinhentos militantes até as barricadas para declarar que eram uma provocação e que, portanto, era preciso deixá-las. E foi o que fizeram, com a bandeira vermelha à frente. Enquanto isso, Cohn-Bendit e Sauvageot, ainda prisioneiros das suas obrigações de astros, iam explicar ao reitor Roche que, "para evitar derramamento de sangue", era necessário que a polícia se retirasse do bairro. Essa exigência extravagante, apresentada em

---

59 Não só operários *jovens* (NA).

60 Fédération Anarchiste (Federação Anarquista), organização fundada na França em 1953 (NT).

61 Fédération des Étudiants Révolutionnaires (Federação dos Estudantes Revolucionários) (NT).

tal momento a um personagem de segundo escalão, estava tão atrasada em relação aos acontecimentos que só pôde manter por uma hora as ilusões dos mais ingênuos. Roche simplesmente aconselhou aos que tinham consentido em vir falar com ele que fizessem "os estudantes" voltarem para casa.

A batalha foi muito dura. A tropa de choque e a polícia conseguiram tornar as barricadas indefensáveis com um intenso bombardeio de granadas incendiárias, granadas ofensivas e gás de cloro, antes de se arriscarem a tomá-las de assalto. Os amotinados retalhavam com pedradas e coquetéis molotov. Queimaram carros, virados em chicana para atrasar o avanço do inimigo; alguns se posicionaram nos telhados para atirar todo tipo de projéteis. Em várias ocasiões, a polícia foi forçada a recuar. Os revolucionários, na maior parte das vezes, ateavam fogo às barricadas em que não podiam mais continuar. Houve várias centenas de feridos e quinhentas prisões. Quatro ou cinco centenas de manifestantes foram recebidos nos edifícios da Escola Normal Superior da rua d'Ulm, que a polícia não ousou invadir. Outras duas ou três centenas de pessoas conseguiram retirar-se para a rua Monge, ou se refugiaram com os moradores do bairro, ou então escaparam pelos telhados. Até o final da manhã, a polícia passou um pente fino no bairro, agredindo e detendo todos os que lhe parecessem suspeitos.

"Viva a Comuna"

"Nem deus nem mestre. Abaixo o Estado"

CAPÍTULO IV
A OCUPAÇÃO DA SORBONNE

"É o lugar em que estão reunidas as condições objetivas da consciência histórica; a realização da comunicação direta ativa, na qual terminam a especialização, a hierarquia e a separação, na qual as condições existentes foram transformadas 'em condições de unidade' [...] Somente aí a negação espetacular da vida é, por sua vez, negada. O aparecimento dos Conselhos foi a realidade mais elevada do movimento proletário no primeiro quarto do século, realidade que passou despercebida ou disfarçada porque desaparecia com o resto do movimento que o conjunto da experiência histórica de então desmentia e eliminava. No novo momento da crítica proletária, esse resultado retorna como o único aspecto não vencido do movimento vencido. A consciência histórica que sabe ter nele o seu único meio de existência pode reconhecê-lo agora, não mais na periferia do que reflui, mas no centro do que sobe."
Debord, *A sociedade do espetáculo*.

A noite de batalha ao redor da rua Gay-Lussac causou estupor em todo o país. A indignação que, para grande parte da população, logo se misturou a esse estupor não se voltou contra os amotinados, apesar da escala da destruição que haviam produzido, mas contra a violência excessiva da polícia. Durante toda a noite, o rádio tinha descrito momento a momento as condições em que o campo entrincheirado tinha se defendido e sido vencido. Soube-se, em particular, que um grande número de feridos graves ficou várias horas sem poder receber cuidados médicos porque os sitiadores proibiram a sua evacuação. A polícia foi também acusada de ter feito grande uso de um gás novo e terrível, embora as autoridades responsáveis tivessem desmentido o seu uso. Por fim, generalizou-se amplamente a convicção de que tinha havido um certo número de mortos, com os quais a polícia, que tinha se apoderado do terreno, teria desaparecido[62].

---

62 Esse fato não foi demonstrado. A verossimilhança dessa hipótese decorre de duas considerações: em primeiro lugar, é improvável que, entre tantos feridos graves abandonados sem socorro por tanto tempo, ninguém tenha morrido; em segundo lugar, é improvável que o governo tenha se resignado ao recuo considerável e cheio de riscos que viria a tentar na mesma noite, sem levar em conta informações específicas sobre a gravidade dos confrontos. Não há dúvida de que os serviços de um Estado moderno têm a capacidade de esconder alguns mortos. Não, é claro, contando-os entre as "pessoas desaparecidas", mas, por exemplo, como alguns argumentaram, apresentando-os como vítimas de acidentes rodoviários nos arredores de Paris (NA).

No sábado, 11 de maio, todas as direções sindicais convocaram uma jornada de greve geral para o dia 13. Para elas, tratava-se de pôr fim ao movimento, aproveitando ao máximo uma solidariedade afirmada superficialmente "contra a repressão". Os sindicatos também precisavam fazer esse gesto porque constatavam a profunda impressão causada entre os operários pela luta direta em curso há uma semana. Esse exemplo já ameaçava a sua autoridade. Sua greve de recuperação não respeitou o prazo legal de aviso prévio: isso foi tudo o que ela teve de subversiva.

O governo, que tinha reagido logo de manhã cedo no momento da queda do bairro das barricadas, com uma declaração ameaçadora que evocava um complô e sanções, decidiu-se por uma reviravolta completa frente à magnitude dos protestos. O primeiro-ministro Pompidou[63] voltou do Afeganistão sábado à noite, apressando-se em jogar a carta do apaziguamento. Anunciou, ignorando todo rodeio hipócrita sobre o princípio da independência do Poder Judiciário, que os estudantes condenados seriam liberados após um novo julgamento imediato; o que realmente aconteceu. Pompidou cedeu as instalações do anexo Censier[64] da faculdade de Artes, a partir de domingo, para que nele se realizasse legalmente o *sit-in* já reivindicado, a respeito da reforma da universidade; a discussão começou imediatamente, e por vários dias a atmosfera estudiosa e moderada de Censier foi afetada pelo pecado original do seu nascimento. Finalmente, Pompidou prometeu retirar na segunda-feira todas as forças policiais do Quartier Latin e, portanto, as barreiras que bloqueavam a Sorbonne. Na manhã de 13 de maio, a polícia tinha se retirado e a Sorbonne estava *pronta para ser tomada*.

No dia 13, a convocação à greve geral teve ampla adesão. Em uma marcha pacífica, quase um milhão de trabalhadores, com estudantes e professores, atravessou Paris, da praça da República a Denfert-Rochereau, encontrando no percurso uma simpatia generalizada. As palavras de ordem chamavam à solidariedade entre operários e estudantes e exigiam, para o décimo aniversário da chegada de De Gaulle

---

63 Georges Pompidou (1911-1974) foi primeiro-ministro de 1962 a 1968, durante o governo de Charles de Gaulle; foi eleito presidente da França em 1969 (ocupando o cargo até 1974) (NT).

64 "Parece que [...] o livro *Enragés e situacionistas no movimento das ocupações* contém um erro factual: diz-se que os locais do 'anexo Censier' da Faculdade de Letras foram concedidos por Pompidou, ao voltar do Afeganistão, para que os universitários discutissem neles os seus problemas. Embora em última análise isso seja exato, certos documentos e testemunhos induzem a concluir que o anexo Censier foi utilizado para uma reunião, se não de fato ocupado, no sábado, 11 de maio, no final da tarde; portanto, várias horas antes da chegada de Pompidou e da apresentação dos seus pontos de vista sobre essa questão. Nem por isso deixa de ser verdade que 'por vários dias, a atmosfera estudiosa e moderada' desse centro tinha a marca de pessoas que tinham tomado essa iniciativa, tão rapidamente legalizada; e dos seus objetivos reformistas para o meio estudantil". Cf. IS. "Additif au livre de Viénet" (Adendo ao livro de Viénet). In: *Internationale Situationniste*, nº 12, 1969, pp. 84-85 (NT).

ao poder, a sua saída. Mais de cem bandeiras negras se misturavam com a multidão de bandeiras vermelhas, realizando pela primeira vez essa conjunção das duas bandeiras que logo se tornaria a marca registrada da corrente radical do movimento das ocupações, menos como afirmação de uma presença anarquista autônoma do que como sinal da democracia operária.

Os sindicalistas conseguiram facilmente que a manifestação se dispersasse em Denfert; vários milhares de manifestantes, a maioria estudantes, partiram para o Champ-de-Mars[65], onde um comício foi improvisado. Enquanto isso, outros haviam começado a ocupação da Sorbonne. Foi ali que se produziu espontaneamente um fenômeno de importância decisiva: todos os presentes decidiram abrir a Sorbonne aos trabalhadores. Isso correspondia a levar ao pé da letra a palavra de ordem abstrata da manifestação: solidariedade operários-estudantes. Essa passagem foi facilitada pelo encontro efetivo de operários naquele dia e, especialmente, pelo diálogo direto entre os estudantes e os operários avançados, que vieram para a manifestação para dizer que estavam de acordo desde o primeiro dia com a luta dos estudantes e para denunciar o trabalho sujo dos stalinistas. Um certo operaísmo[66], cultivado pelos especialistas sub-burocráticos do revolucionarismo, com certeza não esteve ausente da motivação dessa decisão. Mas o que esses líderes tinham dito, sem realmente acreditar e sem considerar as conseqüências, assumiu um sentido revolucionário em virtude da atmosfera de *total liberdade* do debate aberto na Sorbonne, que anulou completamente o paternalismo implícito do seu projeto. Na verdade, poucos operários vieram à Sorbonne. Mas, como a Sorbonne tinha sido declarada aberta à população, os limites entre os problemas dos estudantes e os do público em questão foram rompidos. E como a Sorbonne começava a conduzir uma discussão democrática que punha tudo em causa e considerava como executórias as decisões tomadas, tornou-se um farol para os operários de todo o país: mostrou a eles as suas próprias possibilidades.

---

65 Vasto jardim público, totalmente aberto, situado entre a Torre Eiffel e a Escola Militar. Foi palco de inúmeros acontecimentos históricos, como o Massacre de Champ-de-Mars, trágico evento da Revolução Francesa, ocorrido em 17 de julho de 1791, quando a Guarda Nacional atirou contra a multidão reunida ali para a assinatura da petição contra os decretos de 15 e 16 de julho que devolveriam a Luís XVI todos os direitos como rei (NT).

66 No original: *ouvriérisme*. Aqui, os autores não parecem se referir ao chamado *operaísmo italiano*, corrente baseada nas teses de Mario Tronti, Antonio Negri e Raniero Panzieri, publicadas entre 1961 e 1965 na revista *Quaderni Rossi* (Cadernos Vermelhos). Partindo do reconhecimento de que as lutas da classe operária, por sua emancipação, precedem e prefiguram as sucessivas reestruturações produtivas do capitalismo, suas teses repercutem nas lutas operárias que desembocaram no "outono quente" de 1969, retornando, no *Movimento de 1977*, sob a forma de uma defesa da *autonomia* da classe operária em relação aos partidos e sindicatos. Os autores parecem se referir mais a um "culto da classe operária", muito presente nos diversos pequenos grupos de esquerda que naquela altura disputavam o movimento estudantil na Sorbonne (NT).

A plena liberdade de expressão manifestou-se na tomada das paredes e na discussão livre em todas as assembleias. Cartazes de todas as tendências, até maoístas, conviviam sem ser rasgados nem cobertos: somente os stalinistas do PCF preferiram abster-se. As inscrições com tinta só apareceram um pouco mais tarde. Naquela primeira noite, a primeira inscrição revolucionária afixada na forma de balão de quadrinho em um dos afrescos – a famosa fórmula "A humanidade só será feliz no dia em que o último burocrata for enforcado com as tripas do último capitalista" – causou um rebuliço. Depois de um debate público, a maioria decidiu apagá-la. E isso foi feito[67].

No dia 14 de maio, foi fundado o Comitê *Enragés*-Internacional Situacionista[68]. O comitê começou, logo em seguida, a colar nas paredes da Sorbonne alguns cartazes que diziam exatamente o que queriam dizer. Um advertia contra a ilusão de uma democracia direta encurralada na Sorbonne. Outro chamava à vigilância: "Os recuperadores estão entre nós!" Outro ainda pronunciava-se contra "toda sobrevivência da arte" e "do reino da separação". Outro, por fim – "Descristianizemos imediatamente a Sorbonne" –, indignava-se com a tolerância culposa demonstrada pelos ocupantes com a capela que continuava sendo preservada: "Desenterremos", dizia o cartaz, "e enviemos ao Eliseu[69] e ao Vaticano os restos do imundo Richelieu[70], homem de Estado e cardeal". Note-se que esse cartaz foi o primeiro, na Sorbonne, a ser rasgado surrepticiamente por pessoas que desaprovavam o seu conteúdo. Por outro lado, a "Comissão de Cultura e Criatividade" do "22 de Março" brilhou, naquele dia, pela última vez ao afixar pelo prédio algumas citações da IS, principalmente do livro de Vaneigem[71].

Foi também em 14 de maio que se realizou a primeira Assembleia Geral dos ocupantes, afirmando a sua condição de único poder na Sorbonne e organizando o funcionamento da ocupação. O debate conjurou três tendências: uma parte considerável do público, que não se expressava, mas revelava a sua moderação aplaudindo certos discursos inanes, queria simplesmente uma reforma universitária, um compromisso em relação aos exames e uma espécie de frente universitária

---

67 O autor deste livro se orgulha de ter traçado a inscrição, controversa na época, mas que abriu o caminho para uma fertilíssima atividade. (Ver a esse respeito a revista *Internacional Situacionista* n.º 11, página 32 *et passim*) (NA).

68 Os contatos entre a IS e os *Enragés* tinham tomado forma no dia seguinte à publicação do folheto por estes, em 21 de fevereiro. Tendo provado a sua autonomia, os *Enragés* podiam perfeitamente entender-se com a IS, que sempre tinha feito de tal autonomia a condição prévia de todo acordo. No final do período das ocupações, o Comitê *Enragés*-IS concordou em continuar essa unidade na IS (NA).

69 Palácio do Eliseu (Palais de l'Élysée), situado em Paris, é a residência oficial do presidente francês, onde está localizado seu gabinete e onde se reúne o Conselho de Ministros (NT).

70 Armand Jean du Plessis de Richelieu (1585-1642) foi um eclesiástico e homem de Estado francês, principal ministro do Rei Luís XIII (NT).

71 Refere-se a *A Arte de viver para as novas gerações*. Publicado pela Editora Veneta (2016), na Coleção Baderna (NT).

com a esquerda do corpo docente. Uma corrente mais forte, que reunia todos os grupos esquerdistas e os seus clientes, queria continuar a luta até a queda do gaullismo, e mesmo do capitalismo. Uma terceira, muito minoritária, mas influente, exigia a abolição das classes, do trabalho assalariado, do espetáculo e da sobrevivência. Essa corrente se expressou claramente em uma declaração de René Riesel em nome dos *Enragés*. René disse que a questão universitária já tinha sido superada e que "os exames tinham sido anulados pelas barricadas". Pediu que a assembleia se pronunciasse pela libertação de todos os manifestantes, *inclusive dos saqueadores* presos no dia 6 de maio. Mostrou que o único futuro para o movimento estava com os trabalhadores, não "a serviço", mas ao lado deles; e que os trabalhadores não eram de modo algum as suas organizações burocráticas. Disse que não se podia lutar contra a alienação presente negligenciando as do passado – "chega de capela" – ou as que estão sendo preparadas para amanhã: "os sociólogos e psicólogos são outro tipo de polícia!" Denunciou o semelhante autoritarismo policial existente nas relações hierárquicas com os professores. Advertiu contra a recuperação do movimento por líderes esquerdistas e a sua liquidação previsível pelos *stalinistas*. Concluiu a favor do poder dos conselhos operários. Essa intervenção suscitou movimentos diversos. A proposta sobre os saqueadores foi muito mais vaiada do que aplaudida. O ataque contra os professores chocou. A primeira denúncia aberta contra os stalinistas surpreendeu. No entanto, quando um pouco depois a assembleia procedeu à eleição do primeiro "Comitê de Ocupação", seu órgão executivo, René Riesel foi eleito. Único a ter indicado a sua filiação, ele também foi o único a definir um programa: retomando para isso a palavra, esclareceu que defenderia a "democracia direta na Sorbonne" e a perspectiva do poder internacional dos conselhos operários.

A ocupação das faculdades e escolas de ensino superior tinha começado em Paris: Belas-Artes, Nanterre, Conservatório de Arte Dramática, Medicina. Todas as demais seguiram o exemplo.

No final do mesmo dia, 14 de maio, os operários da Sud-Aviation[72] em Nantes ocuparam a fábrica e se entrincheiraram nela, depois de trancar o diretor Duvachel e o pessoal da administração nos escritórios, cujas portas eles soldaram. Além do exemplo da ocupação da Sorbonne, os operários tinham sabido tirar lições dos acontecimentos da véspera em Nantes. Respondendo ao apelo da seção de Nantes da UNEF, que, tal como vimos acima, tinha sido tomada por estudantes revolucionários, eles não se

---

72 Conhecida também como Sociedade Nacional de Construções Aeronáuticas, a Sud-Aviation (seu nome abreviado) foi uma empresa e construtora aeronáutica francesa atuante de 1957 a 1970 (NT).

contentaram em desfilar com os sindicalistas. Marcharam sobre a prefeitura, para exigir o cancelamento dos processos abertos contra eles e a devolução de uma subvenção anual de 10 mil francos que lhes tinha sido retirada, como era de se esperar, desde a sua tomada de posição radical. Ergueram duas barricadas, que a tropa de choque tentou derrubar. Tendo alguns universitários se oferecido como intermediários, foi acordada uma trégua, da qual o prefeito se aproveitou para receber uma delegação. O prefeito cedeu em toda a linha: o reitor retirou a queixa e pagou a subvenção. Vários operários da cidade tinham participado desse combate. E puderam constatar a eficácia desse tipo de reivindicação. Os da Sud-Aviation se lembrariam disso no dia seguinte. Os estudantes de Nantes vieram imediatamente apoiar os piquetes.

Conhecida no dia 15 de maio, a ocupação da Sud-Aviation foi entendida em todos os lugares como um ato de extrema importância: se outras fábricas aderissem à greve selvagem, o movimento tomaria um rumo irreversível, aprofundando aquela crise histórica, como era esperado pelos mais lúcidos. No final da manhã, o Comitê de Ocupação da Sorbonne dirigiu ao Comitê de Greve um telegrama de apoio "da Sorbonne ocupada à Sud-Aviation ocupada".

Essa foi a única atividade de que o Comitê de Ocupação foi capaz na maior parte do dia, e mesmo esse pouco foi devido a Riesel. Com efeito, desde a primeira reunião do Comitê, tinha surgido um contraste impressionante entre a função que ele assumia, em princípio, por delegação expressa da Assembleia Geral e as condições reais a que estava sujeito. O Comitê de Ocupação era composto por quinze membros eleitos e revogáveis a cada dia pela Assembleia Geral, respondendo apenas a ela e encarregado da organização e manutenção da ocupação da Sorbonne. Todos os serviços improvisados ou que deveriam ser preparados para o funcionamento da defesa do prédio e do que nele se fazia estavam sob o seu controle. Tratava-se de tornar possível a discussão livre permanente e de garantir e facilitar a continuação das atividades em curso – da distribuição das salas à organização do abastecimento; da difusão democrática escrita e oral das informações à manutenção da segurança. A realidade era bem diferente: burocratas da UNEF em decadência, a velha dupla Kravetz[73] e Péninou[74] ressurgida do esquecimento que a tinha justamente engolido,

---

73 Marc Kravetz (1942-) é um jornalista francês. Foi secretário geral da UNEF entre 1964-65. Em 1964, conforme aponta Mustapha Khayati n'*A miséria do meio estudantil*, Kravetz publica na revista *Temps Modernes* uma apologia do "sindicalismo estudantil" que, mais tarde, ele próprio criticaria nas páginas da mesma revista. Em 1968, Kravetz participa da redação do jornal *Action*, de inspiração "comunista-libertária". Kravetz, assim como Péninou, foi membro do Partido Socialista Unificado (PSU) (NT).

74 Jean-Louis Péninou (1942-) é um jornalista francês, tendo sido diretor geral do jornal *Libération*. Junto com Kravetz, se demite da UNEF em janeiro de 1965. Em maio de 68, participa da ocupação do anexo Censier e da

esgueiraram-se pelos corredores que conheciam bem e se instalaram em um porão qualquer, de onde se dedicavam a recuperar todos os cordões do *poder real*, a coordenar a ação de toda sorte de técnicos voluntários que fossem amigos deles. Foi o caso de um "Comitê de Coordenação" que tinha eleito a si mesmo. O "Comitê de Ligação Interfaculdades" (CLIF) trabalhava por conta própria. O serviço de ordem, perfeitamente autônomo, só obedecia ao chefe, um rapazinho muito valente, que tinha nomeado a si mesmo e não tinha a intenção de discutir senão dessa posição de força. O "Comitê de Imprensa", composto por jovens ou futuros jornalistas, não estava disponível para a Sorbonne, mas para a imprensa francesa como um todo. Quanto ao sistema de som, estava simplesmente nas mãos de elementos de direita, porque eram os especialistas em rádio.

Nesse contexto surpreendente, o Comitê de Ocupação tinha dificuldade até para dispor de uma sala: cada feudo já instalado tinha pretensões sobre a totalidade dos locais. Sem dúvida desanimada, a maioria dos membros desapareceu para introduzir-se, em desespero de causa, nos diversos comitês, subordinados mas insubmissos, porque lhes reconheciam o mérito de existir. Era evidente que os manipuladores mencionados acima tinham pensado em perpetuar o seu poder inserindo elementos meramente decorativos na única comissão eleita[75]. Os manipuladores deviam estar satisfeitos com o resultado das suas manobras para o dia 15, pois, na Assembleia Geral que se reuniu à noite, propuseram a recondução em bloco, por vinte e quatro horas, do fantasmagórico Comitê de Ocupação. Os oito membros do "Comitê de Coordenação" também foram confirmados como simples auxiliares do Comitê de Ocupação. Fortalecido pelos mecanismos práticos que já tinha em mãos, o Comitê de Coordenação pensou em concluir a sua tomada do poder avisando diretamente ao Comitê de Ocupação que ele tinha deixado de existir. Quase todos os membros deste último, que tinham acabado de reaparecer para se verem reeleitos pela Assembleia Geral, resignaram-se logo a se dispersar. Apenas dois membros do Comitê de Ocupação apelaram à base, denunciando a maneira escandalosa com que o poder da Assembleia Geral tinha sido esbofeteado. No pátio, Riesel dirigiu-se aos ocupantes convocando-os à Assembleia Geral, para que esta decidisse entre os burocratas e os delegados. Poucos minutos depois, a tribuna estava tomada, e os burocratas foram intimados a se explicar publicamente. Expostos à indignação geral, bateram ver-

---

redação do jornal *Action*. No mesmo ano, ajuda a fundar os *Cahiers de mai* [Cadernos de maio] (1968-74) (NT).

75 Algum tempo depois, Péninou, consternado, não hesitou em desfiar as suas queixas diante de uma testemunha: "Estávamos todos de acordo", gemeu, "em que nenhum grupo participaria do Comitê de Ocupação. Tínhamos o acordo da FER, da JCR, dos 'chineses' etc. Esquecemos os situacionistas!" (NA).

"Ocupação das fábricas. Conselhos operários. Comitê (ilegível) *Enragés*-Internacional Situacionista"

Inscrição feita pela situacionista Michèle Bernstein

gonhosamente em retirada. O que restava do Comitê de Ocupação, apoiado pelos elementos que tinham se unido a eles imediatamente, começou a existir de fato.

No mesmo dia 15, os operários da Renault de Cléon, Seine-Maritime, entraram em greve e decidiram ocupar a fábrica, e também trancaram os diretores nela. As fábricas da Lockheed em Beauvais e da Unulec em Orléans também pararam. No final da noite, duas ou três centenas de pessoas dirigiram-se ao Teatro do Odéon[76] no momento da saída dos espectadores e lá se estabeleceram como ocupantes. Se o conteúdo dessa "libertação" ficou sempre limitado – dominado pelas pessoas da cultura e seus problemas –, nem por isso o próprio ato de tomar um prédio sem qualquer álibi universitário deixava de ser uma ampliação do movimento: era uma encenação bufa da decomposição do poder de Estado. Na noite seguinte, as mais belas inscrições surgiram por toda parte na Sorbonne.

Na manhã do dia 16 de maio, a ocupação da Renault-Cléon foi conhecida, e uma parte dos trabalhadores da Nouvelles Messageries de la Presse Parisienne (NMPP)[77]

---

76 Teatro nacional francês situado em Paris (NT).
77 Grande distribuidora de jornais e revistas na França (NT).

começaram também uma greve selvagem, tentando bloquear a distribuição de jornais. O Comitê de Ocupação da Sorbonne, que se reunia na sala Jules Bonnot (ex-Cavailles) fez, às 15h, o seguinte comunicado:

> "Camaradas, diante da ocupação da fábrica da Sud-Aviation de Nantes há dois dias pelos operários e estudantes dessa cidade e da ampliação do movimento hoje para várias fábricas (Nouvelles Messageries de la Presse Parisienne, Renault de Cléon, etc.), o *Comitê de Ocupação da Sorbonne* chama à ocupação imediata de todas as fábricas da França e à formação de Conselhos Operários. Camaradas, divulguem e reproduzam o mais rápido possível este chamado."

O Comitê de Ocupação, como já foi dito, estava desprovido de todo meio material para exercer qualquer atividade. Para divulgar esse apelo, portanto, deu-se a tarefa de apoderar-se desses meios. Podia contar com o apoio dos *Enragés*, dos situacionistas e de uma dúzia de outros revolucionários. Com um megafone, das janelas da sala Jules Bonnot, pediram voluntários entre os que se encontravam no pátio, os quais se apresentaram em grande número. Copiaram o texto ainda não impresso, e foram lê-lo em todos os anfiteatros e em outras faculdades. Como a impressão foi deliberadamente retardada pelos serviços da CLIF, o Comitê de Ocupação requisitou as máquinas para imprimir e organizou o seu próprio serviço de difusão. A equipe do sistema de som demonstrou má-vontade em ler o texto do apelo a intervalos regulares, e o Comitê de Ocupação teve de tomar o equipamento. Despeitados, os especialistas sabotaram a instalação ao sair, mas partidários do Comitê de Ocupação o puseram em funcionamento de novo. Telefones foram requisitados para transmitir o comunicado às agências de notícias, para o interior do país e para o exterior. A partir das 15h30, o apelo começou efetivamente a ser difundido de forma satisfatória.

Esse apelo à ocupação imediata das fábricas causou escândalo. Certamente não entre a massa dos ocupantes da Sorbonne, onde tanta boa vontade manifestou-se imediatamente para garantir a sua difusão, mas entre os quadros de pequenos partidos esquerdistas, que vieram, afobados, falar de aventureirismo e loucura. Foram secamente ignorados; o Comitê de Ocupação não tinha contas a prestar aos diversos grupúsculos. Assim, Krivine[78], líder da JCR, viu-se sucessivamente posto pra fora

---

78 Alain Krivine (1941-), trotskista francês, fundou em 1966 a Juventude Comunista Revolucionária (JCR), que até 1968 teve como principal bandeira a luta anti-imperialista, formando comitês contra a guerra do Vietnã. A JCR é dissolvida pelo decreto governamental de 12 de junho, e Krivine é preso no dia 10 de julho (sendo libertado no outono). Em 1969, participa da criação da Liga Comunista (LC) (NT).

da sala de som e da sala Jules Bonnot, onde tinha chegado correndo para expressar sua desaprovação, sua angústia e até mesmo sua tola pretensão de fazer anular o comunicado! Por mais vontade que tivessem, os manipuladores já não tinham forças suficientes para voltar a atentar contra a soberania da Assembleia Geral lançando um ataque contra a sala Jules Bonnot. Com efeito, o Comitê de Ocupação tinha criado no início da tarde o seu próprio serviço de segurança para combater todo uso irresponsável de um serviço de ordem pouco confiável. Dedicou-se, em seguida, a reorganizar esse serviço de ordem, conduzindo uma discussão política com os seus elementos de base e fazendo-os ver o papel antidemocrático que alguns tinham querido que eles cumprissem.

Todo o trabalho de retomar o controle da Sorbonne foi apoiado por uma série de panfletos, publicados em um ritmo muito rápido e amplamente divulgados. Também eram lidos no sistema de som, que ao mesmo tempo anunciava novas ocupações de fábricas à medida que iam sendo conhecidas. Às 4h30, o folheto intitulado "Vigilância!" advertia: "A soberania da Assembleia Revolucionária só tem sentido se ela exercer o seu poder. Há 48 horas, é a capacidade mesma de decisão da Assembleia Geral que vem sendo contestada por uma obstrução sistemática [...] A exigência de democracia direta é o apoio mínimo que os estudantes revolucionários podem dar aos operários revolucionários que ocupam suas fábricas. É inadmissível que os incidentes de ontem à noite na Assembleia Geral não sejam condenados. Os padres vencem quando cartazes anticlericais são rasgados [...]" Às 17h, o panfleto "Cuidado!" denunciava que o Comitê de Imprensa "se recusa a transmitir os comunicados das instâncias regularmente eleitas pela Assembleia Geral" e que "é uma comissão de censura". O panfleto incitava "os diferentes grupos de trabalho" a se dirigir à imprensa sem intermediário, e informava alguns números de telefone. Às 18h30, o panfleto "Cuidado com os manipuladores! Cuidado com os burocratas!" denunciava o serviço de ordem descontrolado. Ressaltava a importância decisiva da Assembleia Geral a ser realizada à noite: "No momento em que os trabalhadores começam a ocupar várias fábricas na França, seguindo o nosso exemplo e com mesmo direito que nós, o Comitê de Ocupação da Sorbonne aprovou hoje às 15h o movimento. A questão central da presente Assembleia Geral é, portanto, a de se pronunciar com um voto claro para apoiar ou repudiar o chamado de seu Comitê de Ocupação. Em caso de repúdio, essa assembleia assumirá então a responsabilidade de reservar aos estudantes um direito que ela recusa à classe trabalhadora e, nesse caso, ficará claro que ela não pretende falar de outra coisa senão de uma reforma gaullista da universidade." Às 19h um panfleto propunha uma lista de palavras de ordem radicais para difundir: "Todo o poder aos conselhos de trabalhadores", "Abaixo a sociedade espetacular-mercantil", "Fim da universidade" etc.

Toda essa atividade, que aumentava de hora em hora o número de partidários do Comitê de Ocupação, foi cinicamente falsificada pela imprensa burguesa, seguindo o *Le Monde* de 18 de maio, que a descrevia com estas palavras: "Ninguém mais tem certeza de quem dirige o Comitê de Ocupação da Sorbonne. Com efeito, a sala-sede desse organismo, eleito toda noite às 20h pela Assembleia Geral, foi invadida no final da tarde por estudantes '*enragés*' da 'Internacional Situacionista'. Estes controlam em particular os microfones da Sorbonne, o que lhes permitiu lançar durante a noite várias palavras de ordem que muitos estudantes julgam aventureiras: 'Se encontrar um policial, quebre a cara dele', 'Impedir pela força que sejam tiradas fotos no interior da Sorbonne'. Os estudantes da Internacional Situacionista, por outro lado, 'dissolveram todas as estruturas burocráticas' criadas anteriormente, como o Comitê de Imprensa e o serviço de ordem. As decisões desse Comitê podem ser postas em causa pela Assembleia Geral que deve reunir-se nesta sexta-feira às 14h"[79].

---

[79] Essas calúnias são persistentes. Na revista *Paris Match* de 6 de julho, podia-se ler: "Essa anarquia poética não dura. Um grupo intitulado 'situacionistas *enragés*' tomou o poder, isto é, o que pode ser chamado de 'legalidade grupus-

"A humanidade só será feliz no dia em que o último burocrata for enforcado com as tripas do último capitalista"

Inscrição feita pelo situacionista René Viénet

A tarde do dia 16 marcou o momento em que a classe operária, de maneira irreversível, começou a declarar-se a favor do movimento. Às 14h, a fábrica Renault de Flins foi ocupada. Entre 15h e 17h, a greve selvagem se impõe na Renault-Billancourt. Por todos os lados, as ocupações de fábricas começam no interior do país. A ocupação de edifícios públicos, que continua a estender-se por toda a parte, chega ao hospital psiquiátrico Sainte-Anne, tomado por seus funcionários.

Dada a acumulação dessas notícias, todos os grupos esquerdistas da Sorbonne se juntaram em uma marcha imediata a Billancourt, às 20h. O Comitê de Ocupação concordou que era necessário adiar a Assembleia Geral, apesar de estar ansioso para fazer enfrentar as suas responsabilidades. O seu comunicado de pouco antes das 20h dizia: "Em acordo com vários grupos políticos, o Movimento 22 de Março e a UNEF, o Comitê de Ocupação decidiu adiar a Assembleia Geral de 16 de maio às 20h para 17 de maio às 14h. Todos à praça da Sorbonne às 20h para marchar a Billancourt."

A entrada na luta da Renault-Billancourt, maior fábrica da França, que tantas vezes tivera um papel decisivo nos conflitos sociais, e, principalmente, a ameaça de uma junção entre os operários e as ocupações revolucionárias que se tinham desenvolvido a partir da luta dos estudantes, aterrorizaram o partido dito comunista e o governo. Antes mesmo de ficar sabendo dos planos de uma marcha a Billancourt, reagiram de maneira quase idêntica à que tiveram diante das más notícias que já conheciam. Às 18h30, uma declaração do birô político stalinista "[punha] os trabalhadores e os estudantes em guarda contra qualquer palavra de ordem aventureira". Pouco depois das 19h, foi divulgado um comunicado do governo: "Diante de várias tentativas anunciadas ou iniciadas por grupos de extremistas para provocar uma agitação generalizada, o primeiro-ministro lembra que [...] o governo não pode tolerar que a ordem republicana seja afetada [...] A partir do momento em que a reforma universitária passa a não ser mais que uma desculpa para mergulhar o país no caos, o governo tem o dever de manter a paz pública [...]". O governo decidiu convocar imediatamente 10 mil reservistas das forças de segurança.

---

cular' e, especialmente, o seu instrumento fundamental, necessário e suficiente, 'o som'. O som, ou seja, o sistema de som, a série de alto-falantes pelos quais é possível despejar dia e noite uma chuva de palavras de ordem no pátio e nos corredores do edifício. Quem tem o som tem o verbo, e a autoridade. Pelo som, os situacionistas passam logo a transmitir mensagens perfeitamente malucas. Chamam por exemplo todos os estudantes 'a apoiar os doentes de Sainte-Anne na sua luta de libertação contra os psiquiatras'". Em um gênero completamente diferente, o livro do fascista François Duprat, *As Jornadas de Maio de 68* (Nouvelles Éditions Latines), que denuncia "na origem do 22 de Março a agitação mantida em Nanterre por quarenta estudantes membros da *Internacional situacionista*", pretende ver "a mão do HVA (serviço de segurança e espionagem da Alemanha Oriental)" nas atividades da IS. E aumenta a confusão misturando os situacionistas ao "22 de Março" e dizendo que Cohn-Bendit era "um velho amigo deles" (NA).

Três ou quatro mil ocupantes da Sorbonne foram em duas passeatas até Billancourt, sempre com as bandeiras vermelhas e negras. A CGT, que guardava todos os portões da fábrica, conseguiu impedir o encontro com os operários. Quanto aos planos para uma marcha à ORTF, que o Comitê *Enragés*-Internacional Situacionista tinha tentado fazer aprovar pela Assembleia Geral do dia 14 e voltara a defender no dia 15, o "22 de Março", a UNEF e o SNES tinham deliberado fazê-la no dia seguinte, 17 de maio. Assim que essa decisão foi conhecida, a CGT, no dia 16 às 21h, declarou que a marcha tinha "a aparência de uma provocação que só pode servir o poder pessoal". Às 22h30, o partido stalinista retomou a mesma linha. À meia-noite, o SNES e a UNEF cederam, fazendo saber que tinham cancelado o apelo.

Durante a noite, na Sorbonne, a contraofensiva dos manipuladores começou. Aproveitando a ausência dos elementos revolucionários que estavam ao redor da fábrica da Renault, tentaram improvisar uma Assembleia Geral com os que ainda estavam no local. O Comitê de Ocupação enviou dois delegados, que denunciaram o caráter factício de uma assembleia surgida dessa manobra. Percebendo que tinha perdido, a assembleia dispersou-se imediatamente.

Ao amanhecer, os trabalhadores da NMPP pediram aos ocupantes da Sorbonne que os ajudassem a fortalecer seus piquetes, que ainda não tinham conseguido impor uma interrupção do trabalho. O Comitê de Ocupação enviou voluntários. Na linha 2 do metrô, um Comitê de Ação antissindical comprometeu-se a pôr a RATP[80] em greve. Uma centena de fábricas seriam ocupadas nesse dia. Desde a manhã, os operários das empresas parisienses em greve, começando pela Renault, chegaram à Sorbonne para fazer o contato que os sindicatos impediam nos portões das fábricas.

A Assembleia Geral das 14h discutiu em prioridade uma segunda marcha a Billancourt, e remeteu à sessão da noite a solução de todos os demais problemas. A FER tentou em vão invadir a tribuna, e o seu líder falou, igualmente sem sucesso, para evitar essa segunda marcha; ou pelo menos, se fosse para acontecer de qualquer maneira, que adotasse uma única palavra de ordem, parastalinista – "Frente única operária". Sem dúvida, a FER já se via reconhecida em uma tal "frente" com o SFIO[81] e o PC. Durante toda a crise, a FER foi para o partido stalinista o que o partido stalinista é para o gaullismo: o apoio passa à frente da

---

80 Régie Autonome des Transports Parisiens é a grande empresa de transporte público de Paris (NT).

81 A SFIO (Seção Francesa da Internacional Operária) é um partido político que existiu com esse nome de 1905 a 1969. A partir de 69, torna-se o Partido Socialista (PS). Em 1971, no congresso de Épinay, seus dirigentes aprovam uma "união de esquerda" com outras forças socialistas, a ser construída na base de um "programa comum" de governo com o PCF (NT).

rivalidade, e os mesmos bons ofícios receberam, obviamente, nos seus níveis respectivos, o mesmo salário de ingratidão. Um comunicado da CGT-Renault acabava de aparecer, desaconselhando "fortemente os iniciadores da marcha a continuar essa iniciativa". A marcha aconteceu; e foi recebida como na véspera. A CGT tinha se tornado ainda mais desacreditada pelos operários, difundindo dentro e fora da fábrica a seguinte calúnia ridícula: "Jovens trabalhadores, elementos revolucionários estão tentando criar divisão nas nossas fileiras para nos enfraquecer. Esses extremistas não são mais que prepostos da burguesia, que inclusive recebem grandes recompensas do patronato".

O Comitê de Ocupação tinha publicado às 13h um panfleto dos trabalhadores que haviam iniciado a greve na Renault, explicando como os jovens trabalhadores tinham arrastado a base de alguns departamentos, forçando os sindicatos a endossar tardiamente o movimento que tinham tentado evitar: "os operários esperam que todas as noites cheguem às suas portas pessoas para apoiar em massa um movimento de massa". Na mesma hora, telegramas eram enviados a vários países, expondo a posição revolucionária da Sorbonne ocupada.

Quando a Assembleia Geral finalmente se reuniu às 20h, as condições que tinham alterado o seu funcionamento no início não tinham de modo algum melhorado. O sistema de som só funcionava no tempo exato de intervenções específicas e ficava mudo em outras. A direção do debate e, sobretudo, a discussão de qualquer moção dependiam tecnicamente de um grotesco desconhecido, obviamente uma marionete da UNEF, que fora nomeado presidente permanente das Assembleias Gerais no primeiro instante da ocupação e que, resistindo a toda rejeição e a qualquer humilhação, agarrou-se a esse posto até o fim. A FER, que tinha ingenuamente anunciado de manhã a sua intenção de "recuperar o controle" do movimento, tentou mais uma vez invadir a tribuna. Os manipuladores de todas as seitas cooperaram para evitar que a Assembleia Geral se pronunciasse sobre as atividades do Comitê de Ocupação que tinha terminado o seu mandato – e, principalmente, sobre o apelo à ocupação das fábricas. Essa obstrução foi acompanhada por uma campanha de difamação que mirava com mais intensidade detalhes destinados a desviar a atenção: uma "atitude típica de Saint-Germain-des-Prés" na desordem do edifício, o desprezo demonstrado em relação aos pequenos partidos esquerdistas e à UNEF, um comentário sobre a ocupação de Sainte-Anne, onde alguns fingiram ver um apelo à "libertação dos loucos" e outras misérias. A assembleia revelou-se incapaz de se fazer respeitar.

O ex-Comitê de Ocupação, não tendo conseguido obter uma votação sobre a sua gestão, e não querendo de modo algum assumir um papel nas lutas por influência e nos compromissos de bastidores para a nomeação do Comitê seguinte, anunciou que estava deixando a Sorbonne, onde a democracia direta estava agora estrangulada pelos burocratas. Todos os seus partidários saíram ao mesmo tempo, e o serviço de ordem foi dissolvido, enquanto a FER, que há mais de uma hora vinha ameaçando a tribuna, aproveitou a oportunidade para tomá-la. Nem assim conseguiu apoderar-se da gestão da Sorbonne, onde as mesmas lutas por influência continuariam até o fim. O veredito do Comitê de Ocupação foi infelizmente confirmado pelos fatos.

Se o fracasso de um esboço de democracia direta na Sorbonne foi sem dúvida prejudicial para a continuação do movimento das ocupações, que teria exatamente nesse terreno a sua principal carência, da qual deriva o seu fracasso geral, é mesmo assim certo que, no ponto atingido nesse momento da crise, nenhum grupo tinha mais a força suficiente para intervir em um sentido revolucionário com um efeito significativo. Todas as organizações que efetivamente pesaram sobre o desenvolvimento subsequente eram inimigas da autonomia operária. Tudo viria a depender da relação de forças nas fábricas entre os operários, por toda parte isolados e separados, e o poderio conjunto do Estado e dos sindicatos.

CAPÍTULO V
A GREVE GERAL SELVAGEM

"Na França, basta que alguém seja alguma coisa para querer ser tudo".
Marx, *Contribuição à crítica da filosofia do direito de Hegel.*

Ao longo do dia 17 de maio, a greve se espalhou para quase todas as indústrias metalúrgicas e químicas. Seguindo os operários da Renault, os da Berliet, da Rhodiaceta, da Rhône-Poulenc e da SNECMA decidiram ocupar as fábricas. Várias estações estavam nas mãos dos ferroviários, e poucos trens continuavam circulando. Os trabalhadores dos correios já ocupavam os centros de triagem. No dia 18, a greve ganhou a Air France e a RATP. Iniciada com algumas ocupações exemplares no interior, a greve se espalhou para a região de Paris, para depois afetar todo o país. A partir desse momento, nem os sindicatos podiam ainda duvidar de que essa reação em cadeia de greves selvagens[82] levaria a uma greve geral[83].

Desencadeado espontaneamente, o movimento das ocupações se afirmou imediatamente contra todas as instruções e todo o controle dos sindicatos. "No conselho de administração, observou o *Le Monde* de 18 de maio, sublinha-se o caráter selvagem do início do movimento após a greve de 13 de maio, seguido moderadamente no interior. Também parece paradoxal que o foco da contestação esteja em uma empresa na qual, precisamente, não havia senão conflitos sociais de rotina, relativamente menores".

A extensão da greve forçou os sindicatos a uma contraofensiva rápida que viria a mostrar, com uma clareza particularmente brutal, a sua função natural de guardiões da ordem capitalista nas fábricas. A estratégia sindical perseguia a sua meta principal: destruir a greve. Para fazer isso, os sindicatos, que tinham uma longa tradição de furar greves selvagens, dedicaram-se a reduzir esse vasto movimento de greve geral a uma série de greves de empresa justapostas. A CGT assumiu a liderança dessa contraofensiva. Em 17 de maio, o seu Conselho Confederal reuniu-se e declarou: "A ação empreendida *por iniciativa da CGT e de outras organizações sin-*

---

82 Uma greve selvagem é iniciada ou levada adiante pelos trabalhadores sem a deliberação ou à revelia do sindicato que representa a classe (NT).

83 Uma greve geral é definida por ter ampla adesão interprofissional, com unidade de ação e dos objetivos perseguidos pelos trabalhadores, paralisando serviços públicos e privados e configurando um enfrentamento global entre as classes (e não apenas entre um setor da classe trabalhadora e seu patronato) (NT).

Assembleia Geral da Sorbonne, na noite do dia 17 de maio de 1968. No centro, delegados (entre Enragés e situacionistas) do Comitê de Ocupação decidem deixar a Assembleia, "onde a democracia direta acabara de ser estrangulada pelos burocratas". Guy Debord aparece no centro da imagem, de blusa branca.

dicais[84] cria uma nova situação e é de importância excepcional." A greve era, assim, aceita, mas para recusar toda palavra de ordem de greve geral. Contudo, por toda parte os operários votaram por uma greve por tempo indeterminado e com ocupação. Para se tornarem donas de um movimento que as ameaçava diretamente, as organizações burocráticas precisavam, antes de mais nada, frear as iniciativas dos trabalhadores e enfrentar a autonomia emergente do proletariado. Portanto, apoderaram-se dos comitês de greve, que logo se tornaram um verdadeiro poder de polícia encarregado de isolar os operários nas fábricas e de formular em nome deles as suas próprias reivindicações.

Enquanto na porta de quase todas as fábricas os piquetes de greve, sempre às ordens dos sindicatos, impediam os operários de falar por si mesmos, de falar aos outros e de ouvir falarem as correntes mais radicais que se manifestavam então, as direções sindicais se encarregavam de reduzir todo o movimento a um programa de reivindicações estritamente profissionais. O espetáculo da contestação burocrática chegou à sua fase paródica quando se viu a CFDT[85], recentemente descristianizada, atacar a CGT, acusada com razão de se limitar às "reivindicações alimentares", e proclamar: "Além das reivindicações materiais, é o problema da gestão e da direção da empresa que se coloca". Essa cobertura de lance eleitoral de um sindicato com vocação modernista chegou inclusive a propor a "autogestão" como forma do "poder operário na empresa". Foi possível ver então os dois mestres falsificadores jogando um na cara do outro a verdade da sua própria mentira: o stalinista Séguy chamando a autogestão de "fórmula vazia" e o pastor Descamps[86] esvaziando-a do seu conteúdo real. Na verdade, essa querela entre antigos e modernos sobre as melhores formas de defesa do capitalismo burocratizado foi um prelúdio à sua concordância fundamental sobre a necessidade de negociar com o Estado e o patronato.

Na segunda-feira 20 de maio, com exceção de uns poucos setores que logo se juntariam ao movimento, a greve com ocupação era geral. Contavam-se 6 milhões de grevistas; chegaria a haver mais de 10 milhões nos dias seguintes. A CGT e o PC, transbordados por todos os lados, denunciavam toda ideia de "greve insurrecio-

---

84 A mentira espantosa foi sublinhada por nós (NA).

85 Confédération Française Démocratique du Travail (CFDT), surgiu em 1919 como o órgão do sindicalismo Cristão (seu nome no momento de fundação era Confédération française des travailleurs chrétiens). Mas no final dos anos 1950 foi indo para a esquerda, passou a defender a autogestão e, em 1964, livrou-se do "cristão" do nome. Em 2017, ultrapassou a CGT e tornou-se a maior central sindical francesa (NT).

86 Eugène Descamps (1922-1990) foi secretário geral da CFDT entre 1964 e 1971 (NT).

78 "Ocupação das fábricas. Conselho pela Manutenção das Ocupações."

Primeiro quadrinho produzido pelo CMDO

nal", enquanto fingiam endurecer as suas posições reivindicativas. Séguy declarou que as suas "planilhas estavam prontas para uma eventual negociação". Para os sindicatos, toda a força revolucionária do proletariado só deveria servir para torná-lo apresentável aos olhos de um governo quase inexistente e de um patronato efetivamente despossuído.

A mesma comédia era representada no nível político. Em 22 de maio, uma moção de censura foi rejeitada em meio à indiferença geral. Havia mais coisas nas fábricas e nas ruas do que em todas as assembleias parlamentares e de partidos juntas. A CGT convocou uma "jornada de reivindicações" para sexta-feira, dia 24. Enquanto isso, porém, a deportação comunicada a Cohn-Bendit relançava a luta na rua. Uma manifestação de protesto foi improvisada no mesmo dia para preparar a do dia seguinte, sexta-feira. A passeata dos cegetistas[87], que começou às 14h, foi encerrada em clima de calma com um discurso à nação, particularmente senil, de De Gaulle, transmitido pela televisão.

Na mesma hora, porém, milhares de manifestantes tinham resolvido, mais uma vez, desafiar simultaneamente a polícia e o serviço de ordem estudantil. A participação em massa dos operários nessa manifestação condenada pelo PC e pela CGT mostrou, negativamente, a que ponto estes só tinham a oferecer o espetáculo de uma força que não lhes pertence. Da mesma forma, o "líder do 22 de Março" conseguia, pela sua ausência forçada, criar uma agitação que ele mesmo teria sido incapaz de moderar.

[87] Partidários da CGT (NT).

> Um espectro ronda o planeta:
> o espectro dos trabalhadores da Sud-Aviation
> todas as velhas potências da terra uniram-se em uma organização das nações unidas para perseguir esse espectro: o papa e o presidente do soviete supremo, Wilson e Mitterand, os radicais da frança e os policiais americanos.
> Disso resulta uma dupla conclusão:
> 1a. os trabalhadores da Sud-Aviation são reconhecidos como uma potência por todas as potências do planeta;
> 2a. é a hora de os trabalhadores da Sud-Aviation exporem ao mundo todo suas concepções, seus objetivos e suas tendências.

Panfleto feito pelos operários da Sud-Aviation, Courbevoie

Cerca de trinta mil manifestantes tinham se reunido entre a Gare de Lyon[88] e a Bastilha. Eles começaram a marchar para o Hôtel de Ville[89]. Mas, obviamente, a polícia já tinha bloqueado todas as saídas; a primeira barricada logo foi erguida. Ela deu o sinal para uma série de enfrentamentos que duraram até o amanhecer. Alguns

---

88 Uma das grandes estações ferroviárias de Paris (NT).
89 Sede das instituições do governo municipal de Paris (NT).

dos manifestantes conseguiram chegar até a Bolsa e saqueá-la. O incêndio, que seria uma resposta aos desejos de várias gerações de revolucionários, só destruiu muito superficialmente esse "templo do Capital". Vários grupos se espalharam pelos bairros da Bourse, Les Halles e da Bastilha até La Nation; outros passaram à margem esquerda e tomaram o Quartier Latin e Saint-Germain-des-Prés antes de refluir para Denfert-Rochereau. A violência atingiu o seu ponto culminante[90].

Ela tinha deixado de ser o monopólio dos "estudantes"; era privilégio do proletariado. Duas delegacias foram saqueadas no entusiasmo: a do Odéon e a da rua Beaubourg. Debaixo do nariz dos policiais impotentes, dois carros e uma viatura da polícia foram queimados com coquetéis molotov em frente à delegacia do Panthéon.

Ao mesmo tempo, milhares de amotinados de Lyon combatiam a polícia, esmagavam um de seus comissários deixando cair sobre ele um caminhão carregado de pedras, e foram mais longe do que os seus camaradas de Paris, organizando a pilhagem de uma loja de departamentos. Houve combates em Bordeaux, onde a polícia escolheu fazer uma trégua, em Nantes e até em Strasbourg.

Assim, portanto, os operários tinham entrado na luta, não apenas contra os seus sindicatos, mas simpatizando com um movimento de estudantes e, melhor, de bandidos, de vândalos que defendiam palavras de ordem absolutamente escandalosas, que iam de "Eu gozo nas ruas" a "Não trabalhe jamais". Nenhum dos operários que vieram encontrar-se com os revolucionários fora das fábricas, para buscar com eles uma base de acordo, formulou qualquer reserva quanto a esse aspecto extremo do movimento. Muito pelo contrário: os operários não hesitaram em erguer barricadas, queimar carros, saquear delegacias e fazer do bulevar Saint-Michel um vasto jardim, ombro a ombro com aqueles que, a partir do dia seguinte, Fouchet e o partido dito comunista chamariam de "corja".

No dia 25, o governo e as organizações burocráticas responderam conjuntamente a esse prelúdio insurrecional que os tinha feito tremer. As respostas foram complementares: ambos desejavam a proibição de manifestações e negociações imediatas; cada um tomou a decisão desejada pelo outro.

---

90 Reconheceu-se um morto entre os manifestantes. A infeliz vítima teve bastante uso: declarou-se que tinha caído de um telhado; depois, que tinha sido esfaqueado por opor-se à corja que se manifestava; finalmente, o relatório do legista divulgado várias semanas depois indicou morte causada por um estilhaço de granada (NA).

"Todo o poder aos conselhos de trabalhadores. Conselho pela manutenção das Ocupações."

CAPÍTULO VI
PROFUNDIDADE E LIMITES DA CRISE REVOLUCIONÁRIA

"Foi uma festa sem começo nem fim; via todo o mundo e não via ninguém, porque cada indivíduo se perdia na mesma multidão inumerável e errante; falava com todo o mundo sem me lembrar nem das minhas palavras nem das dos outros, porque a atenção era absorvida a cada passo por novos eventos e objetos, por notícias inesperadas."
Bakunin, *Confissões*.

O movimento das ocupações, que se tinha apoderado de áreas-chave da economia, atingiu muito rapidamente todos os setores da vida social, atacou todos os postos de controle do capitalismo e da burocracia. O fato de que a greve se estendia agora para atividades que sempre tinham escapado à subversão tornava ainda mais evidentes duas das mais antigas constatações da análise situacionista: a crescente modernização do capitalismo implica a proletarização de uma camada cada vez maior da população; à medida que o mundo das mercadorias estende o seu poder a todos os aspectos da vida, produz por toda parte a ampliação e o aprofundamento das forças que o negam.

A violência do negativo foi tal que não só mobilizou reservas do lado das tropas de choque como também permitiu que a canalha que estava trabalhando para fortalecer o positivo do mundo dominante se desse ao luxo de uma imitação da contestação. Foi assim que se desenvolveram em paralelo as lutas reais e a sua caricatura, em todos os níveis e em todos os momentos. Desde o início, as ações empreendidas pelos estudantes nas universidades e na rua tinham encontrado a sua continuação no ensino médio. Apesar de algumas ilusões sindicalistas dos Comitês de Ação Secundaristas (CAL), com a sua combatividade e a sua consciência, os secundaristas mostraram que anunciavam menos os futuros universitários do que os próximos coveiros da universidade. Mais que aqueles da Academia, os professores do ensino médio souberam fazer-se educar pelos seus alunos. Aderiram maciçamente à greve, em que os professores primários, por sua vez, tinham tomado uma posição bastante firme. Ocupando os locais de trabalho, os bancários, funcionários de seguradoras e trabalhadores de lojas de departamento protestavam tanto contra sua condição proletária quanto contra um sistema de serviços que fazia de todos servos do sistema. Da mesma forma, os grevistas da ORTF, apesar da crença em uma "informação objetiva", tinham intuído vagamente a sua reificação e, basicamente, sentido a falsidade de toda comunicação dominada

pela hierarquia. A onda de solidariedade que animava o entusiasmo dos explorados não conhecia limites. Os estudantes do Conservatório de Arte Dramática se instalaram no local e participaram em bloco das fases mais dinâmicas do movimento. Os do Conservatório de Música exigiam uma "música selvagem e efêmera" em um panfleto que proclamava: "é preciso que as nossas reivindicações sejam aceitas em um prazo determinado, ou será a revolução". Redescobriam nesse *tom congolês* que lumumbistas e mulelistas[91] tornaram popular em um momento em que o proletariado dos países industriais começava a experimentar a sua própria independência, e que expressa tão bem o que todas as autoridades temem, a espontaneidade inocente das pessoas que nascem para a consciência política. Do mesmo modo, a fórmula "Somos todos judeus alemães", por si só risível, tinha na boca dos árabes que a gritavam no dia 24 na Bastilha uma ressonância verdadeiramente perturbadora, porque todos pensavam que um dia seria preciso vingar o massacre de outubro de 1961 e nenhuma distração sobre o tema da guerra árabe-israelense conseguiria impedi-la. Apesar de sua fraca repercussão, a tomada do transatlântico *France* por sua tripulação, nas margens do Hâvre, teve o mérito de lembrar

---

91 Referência aos revolucionários congolenses Patrice Lumumba (1925-61) e Pierre Mulele (1929-68), lideranças do processo de libertação nacional que culminaria na independência do Congo belga (NT).

"Fim da universidade. Conselho pela Manutenção das Ocupações."

aos que refletem hoje sobre as probabilidades de uma revolução que o gesto dos marinheiros de Odessa, Kronstadt e Kiel não pertencia ao passado. O insólito tornava-se cotidiano à medida que o cotidiano se abria a espantosas possibilidades de mudança. Os pesquisadores do Observatório de Meudon[92] puseram a observação astronômica sob autogestão. A Imprensa Nacional estava em greve. Os coveiros ocuparam os cemitérios, os futebolistas expulsaram os dirigentes da sua federação e redigiram um panfleto no qual exigiam "o futebol para os futebolistas". A velha toupeira não poupou nada, nem os antigos privilégios nem os novos. Os residentes e jovens médicos tinham liquidado o sistema feudal que reinava na sua faculdade, tinham cuspido nos "patrões" antes de os expulsar, tinham tomado partido contra a Ordem dos Médicos e aberto um processo contra as concepções médicas. Os "gestores contestatários" chegaram até a questionar o seu próprio direito à autoridade como privilégio negativo de consumir mais e, portanto, de viver menos. Seguindo o exemplo dos proletários que exigiam o fim do proletariado, alguns publicitários se manifestaram pelo fim da publicidade.

Essa vontade claramente manifestada de uma mudança real lançava ainda mais luz sobre as manobras ridículas e repugnantes dos falsificadores, daqueles cujo ofício é vestir o velho mundo com mudanças aparentes. Se os padres foram capazes de sobreviver sem que as igrejas caíssem sobre eles, foi porque a espontaneidade revolucionária (a que ordenou em 1936 na Espanha o bom uso dos edifícios religiosos) ainda estava sob o jugo do stalino-guevarismo. Sendo assim, não havia nada de surpreendente em que sinagogas, templos e igrejas se convertessem em "centros de contestação" para servir à velha mistificação ao gosto da época e com a bênção dos que distribuem a sopa modernista há mais de meio século. Como eram tolerados os consistórios ocupados e os teólogos leninistas, era difícil afogar em sua própria insolência os diretores de museu que reclamavam o saneamento dos seus depósitos, os escritores que reservavam o Hotel de Massa[93] aos catadores de elite da cultura, os cineastas que recuperavam em filme o que a violência insurgente não teria tempo para destruir e, finalmente, os artistas que chupavam a velha hóstia da arte revolucionária.

No entanto, no espaço de uma semana, milhões de pessoas tinham rompido com o peso das condições alienantes, com a rotina da sobrevivência, com a falsificação ideológica, com o mundo invertido do espetáculo. Pela primeira vez desde a Comuna de

---

92 Desde 1927, o Observatório de Meudon (cidade francesa da região de Île-de-France, a mesma de Paris) é um dos três polos do Observatório de Paris (NT).

93 Sede, desde 1929, da Sociedade dos Escritores Franceses e do Conservatório Europeu de Audiovisual (NT).

88 "Abolição da sociedade de classes. Conselho pela manutenção das Ocupações."

1871, e com um futuro mais belo, o homem individual real absorvia o cidadão abstrato; enquanto homem individual na sua vida empírica, no seu trabalho individual, nas suas relações individuais, tornava-se um ser genérico e, portanto, reconhecia as suas próprias forças como forças sociais. A festa finalmente deu férias de verdade àqueles que só conheciam os dias de salários e de folga. A pirâmide hierárquica tinha derretido como um sorvete ao sol da primavera. As pessoas se falavam, se entendiam com meias palavras. Não havia mais nem intelectuais nem operários, mas revolucionários dialogando por toda parte, generalizando uma comunicação da qual só os intelectuais operaístas e outros candidatos a dirigentes se sentiam excluídos. Nesse contexto, a palavra "camarada" encontrou o seu verdadeiro significado, era realmente o fim das separações; e os que a empregavam à maneira de Stalin entenderam rapidamente que falar a língua dos lobos só os denunciava ainda melhor como cães de guarda. As ruas pertenciam aos que lhes arrancavam as pedras. A vida cotidiana, subitamente redescoberta, tornava-se o centro de todas as conquistas possíveis. Pessoas que sempre tinham trabalhado nos escritórios agora ocupados diziam que nunca poderiam viver como antes, nem mesmo um pouco melhor do que antes. Sentia-se que, na revolução nascente, poderia haver recuos táticos, mas não mais renúncias. No momento da ocupação do Teatro do Odéon, o diretor administrativo retirou-se para o fundo do palco e em seguida, passado o momento da surpresa, aproximou-se e disse: "Agora que vocês já o tomaram, fiquem com ele; não o devolvam nunca, queimem-no antes" — o fato de que o Odéon, devolvido momentaneamente aos seus escravos culturais, não tenha sido incendiado mostra apenas que tudo foi só o começo.

O tempo capitalizado tinha parado. Sem trem, sem metrô, sem carro, sem trabalho, os grevistas corriam atrás do tempo tão tristemente perdido nas fábricas, a caminho do trabalho, assistindo TV. Todos passeavam, sonhavam, aprendiam a viver. Pouco a pouco, os desejos começavam a tornar-se realidade. Pela primeira vez, havia uma juventude de fato. Não a categoria social inventada para as necessidades da causa mercantil por sociólogos e economistas, mas a única juventude real, a do tempo vivido sem tempo morto, a que rejeita, em nome da intensidade, a referência policial à idade ("Viva o efêmero! Juventude marxista-pessimista", dizia uma pichação). A teoria radical, considerada difícil pelos intelectuais incapazes de vivê-la, tornou-se tangível para todos os que a sentiam nos seus menores gestos de recusa, e foi por isso que não tiveram nenhuma dificuldade em expor nas paredes a formulação teórica do que desejavam viver. Tinha bastado uma noite de barricadas para que os *blousons noirs* se politizassem e ficassem em perfeita harmonia com a fração mais avançada do movimento das ocupações. Às condições objetivas previstas pela IS, e que naturalmente fortaleciam e propagavam as suas teses, adicionou-se o apoio técnico das gráficas ocupadas. Alguns operários gráficos estiveram entre os poucos grevistas[94] que, superando o estágio estéril da ocupação passiva, decidiram apoiar na prática os que estavam na linha de frente da batalha. Panfletos e cartazes convocando a formação de conselhos operários alcançaram assim altíssimas tiragens. A ação dos operários gráficos obedeceu a uma clara consciência da necessidade do movimento de pôr a serviço de todos os grevistas os instrumentos de produção e os centros de consumo, mas também a uma solidariedade de classe que assumiu em outros trabalhadores uma forma exemplar. O pessoal da fábrica Schlumberger fez questão de esclarecer que a reivindicação deles "não dizia respeito de modo algum aos salários", e entraram em greve para apoiar os trabalhadores particularmente explorados da Danone, a fábrica ao lado da deles. Do mesmo modo, os funcionários da FNAC declararam em um panfleto: "Nós, trabalhadores das lojas da FNAC, não entramos em greve para a satisfação de nossa reivindicações particulares, mas para participar do movimento que mobiliza 10 milhões de trabalhadores manuais e intelectuais [...]" O reflexo do internacionalismo, que especialistas em coexistências pacíficas e guerrilhas exóticas tinham enterrado prematuramente no esquecimento ou nas orações fúnebres do estúpido Régis Debray[95], reapareceu com uma força que é um bom augúrio para o retorno iminente das Brigadas Internacionais. Ao mesmo tempo, todo o espetáculo da política externa, com o Vietnã à frente, de repente se dissolveu, revelando o que nunca tinha deixado de ser: falsos problemas para falsas contestações. Aclamou-se a tomada do Bumidom[96] pelos antilhenses, as ocupações de residências universitárias internacionais. Raramente tantas bandeiras nacionais foram queimadas por tantos estrangeiros determinados a acabar de uma vez por todas com os símbolos do Estado, antes de acabar com os próprios Estados. O governo francês soube responder a esse internacionalismo, entregando às prisões de todos os países espanhóis os iranianos, tunisianos, portugueses, africanos e todos aqueles que sonhavam em ter na França a liberdade proibida nos países deles.

---

94 Uma empresa dos subúrbios do oeste fabricou *walkie-talkies* para uso dos manifestantes. Os trabalhadores dos correios de várias cidades garantiram as comunicações para os grevistas (NA).

95 Nascido em Paris em 1940, é um escritor e filósofo francês. Lutou ao lado de Che Guevara nos anos 1960, tendo sido preso e torturado diversas vezes na América do Sul, em países como Venezuela e Bolívia. Teorizou o "foquismo" aplicado por Fidel Castro e Che Guevara na revolução cubana, na obra *Revolução na revolução? Luta armada e luta política na América latina* (1966). Nos anos 1990, desenvolveu estudos em ciências da informação, os quais nomeou de "midialogia" (NT).

96 O Bumidom foi um órgão público francês encarregado de acompanhar a emigração dos habitantes dos departamentos ultramarinos para a França metropolitana. As Antilhas Francesas são ainda território francês (NT).

"A esses diferentes balanços devem ser adicionados os próprios danos
que a Chefatura de Polícia teve que sofrer e que são analisados como segue:
9 locais policiais saqueados (delegacias Odéon-Sainte-Avoie – Plaisance –
Saint-Thomas-d'Aquin – Saint-Germain-des-Prés – Batignolles – Clignancourt –
Montparnasse – Goutte d'Or); três viaturas de socorro da polícia incendiadas;
10 viaturas danificadas..."

Liaisons, *boletim da Chefatura de Polícia*, nº 151.

Toda a tagarelagem sobre reivindicações parciais não seria suficiente para apagar um único momento de liberdade vivida. Em poucos dias, a certeza da mudança global possível tinha chegado a um ponto de não retorno. Tocada nos seus fundamentos econômicos, a organização hierárquica deixou de parecer uma fatalidade. A recusa dos chefes e dos serviços de ordem, assim como a luta contra o Estado e sua polícia, tinha começado a ser uma realidade nos locais de trabalho, de onde patrões e dirigentes de todos os escalões foram expulsos. Mesmo a presença de aprendizes de dirigente, de homens de sindicato e de partido não conseguia apagar da mente dos revolucionários que o que tinha sido feito de mais apaixonante o fora sem dirigentes e, portanto, contra eles. O termo "stalinista" foi, assim, reconhecido por todos como o pior insulto na disputa política.

A interrupção do trabalho, como fase essencial de um movimento que mal conhecia o seu caráter insurrecional, pôs na cabeça de todos essa evidência primordial de que o trabalho alienado produz alienação. O direito à preguiça foi afirmado não só em pichações populares tais como "Não trabalhe jamais" ou "Viver sem tempo morto, gozar sem entraves", mas especialmente no desencadeamento da atividade lúdica. Fourier[97] já havia comentado que seriam necessárias várias horas de trabalho para que operários construíssem uma barricada que amotinados erguem em minutos. O desaparecimento de trabalho forçado coincidia necessariamente com o livre fluxo de criatividade em todas as áreas: pichações, linguagem, comportamento, táticas, técnicas de combate, agitação, canções, cartazes e histórias em quadrinhos. Cada um pôde, assim, medir a quantidade de energia criativa desperdiçada nos períodos de sobrevivência, nos dias condenados ao rendimento, a fazer compras, a assistir TV, à passividade transformada em princípio. E com o mesmo

---

97 Charles Fourier (1772-1837), filósofo e socialista francês, considerado por Karl Marx e Friedrich Engels um "socialista utópico". Um dos fundadores do cooperativismo (baseado em associações comunais de pessoas que trabalham e vivem juntas visando a uma nova forma política, econômica e social) (NT).

contador Geiger com que foi possível estimar a tristeza das fábricas de lazer onde se paga para consumir com tédio mercadorias produzidas na exaustão que torna o lazer desejável. "Sob os paralelepípedos, a praia" constatava alegremente um poeta de paredes, enquanto uma carta aparentemente assinada pelo CNPF[98] aconselhava cinicamente os trabalhadores a esquecer as ocupações de fábricas e desfrutar dos seus aumentos salariais para passar férias no "Club Mediterranée".

Na agressividade mostrada pelas massas, o que estava na mira era sem dúvida o sistema da mercadoria. Se houve poucas pilhagens, muitas vitrines de loja sofreram a crítica das pedras. Há muito tempo os situacionistas previam que a incitação permanente para apreciar os mais diversos objetos em troca de uma insidiosa contrapartida em dinheiro provocaria a ira das massas enganadas e tratadas como agentes de consumo. Os automóveis, que acumulam a alienação do trabalho e do lazer, o tédio mecânico, a dificuldade de locomoção e a permanente ruína dos seus proprietários atraíram particularmente os fósforos (é de se perguntar por que os humanistas, geralmente prontos para denunciar as violências, não se sentiram no dever de aplaudir um gesto salutar que salva da morte muitas pessoas entregues todos os dias aos acidentes rodoviários). A falta de dinheiro, causada pelo fechamento dos bancos, não foi sentida como incômodo, mas como um alívio nas relações humanas. No final de maio, as pessoas começavam a se acostumar com a ideia do desaparecimento da moeda. A solidariedade efetiva atenuava as deficiências do sustento individual. Alimentos eram distribuídos gratuitamente em muitos lugares ocupados pelos grevistas. Além disso, ninguém ignorava que, caso a greve se prolongasse, seria preciso recorrer às requisições, inaugurando assim uma verdadeira era de fartura.

Essa maneira de apreender as coisas pela raiz era realmente a teoria realizada, a recusa prática da ideologia. De modo que os que agiram tão radicalmente estavam duplamente habilitados a denunciar a distorção da realidade conduzida, no seu palácio de espelhos, pelas burocracias que lutavam para impor o próprio reflexo em toda parte: eles lutavam pelos objetivos mais avançados do projeto revolucionário e, portanto, podiam falar por todos e com conhecimento de causa. Mediam melhor a distância entre a prática da base e as ideias dos dirigentes. Desde as primeiras assembleias da Sorbonne, os que pretenderam falar em nome de um grupo tradicional ou de política especializada foram vaiados e impedidos de tomar a palavra. Os barricadeiros nunca acharam necessário que burocratas confirmados

98 Conseil National du Patronat Français, organização patronal francesa (NT).

ou aspirantes lhes explicassem por que estavam lutando. Eles sabiam o bastante, pelo prazer que isso lhes dava, que estavam lutando por si mesmos, e isso era suficiente para eles. Essa foi a força motriz de uma revolução que nenhum aparelho podia tolerar. Foi aqui que as freadas foram mais frequentes.

A crítica da vida cotidiana começou a mudar com sucesso o cenário da alienação. A rua Gay-Lussac foi chamada de rua 11 de Maio, bandeiras vermelhas e negras emprestavam uma aparência humana às fachadas dos edifícios públicos, a perspectiva haussmanniana[99] dos bulevares foi corrigida, as áreas verdes foram redistribuídas e fechadas para o tráfego de automóveis. Cada um fazia à sua maneira a crítica do urbanismo. Quanto à crítica do projeto artístico, não era entre os vendedores ambulantes de *happenings* nem nos farelos de vanguarda que se devia procurá-la, mas nas ruas, nas paredes e no movimento geral de emancipação que trazia a realização da arte. Alguns médicos, tantas vezes ligados à defesa de interesses corporativos, passaram ao campo da revolução denunciando a função policial que lhes é imposta: "A sociedade capitalista, sob a máscara de uma aparente neutralidade (liberalismo, vocação médica, humanismo não combatente...), colocou o médico ao lado das forças de repressão: ele é encarregado de manter a população em condições de trabalho e consumo (exemplo: medicina do trabalho), ele é encarregado de fazer as pessoas aceitarem uma sociedade que as torna doentes (exemplo: psiquiatria)" ("Medicina e repressão", panfleto publicado pelo Centro Nacional de Jovens Médicos). Coube aos residentes e enfermeiros do hospital Sainte-Anne a honra de denunciar na prática esse universo concentracionário, ocupando as instalações e expulsando delas o lixo que Breton[100] queria ver morrer, e incorporando ao Comitê de Ocupação representantes dos supostos doentes.

Raramente se viu tanta gente questionando tantas normalidades e, sem dúvida, um dia vai ser preciso constatar que em maio de 1968 o sentimento de reviravoltas profundas precedeu a transformação real do mundo e da vida. Assim, uma atitude *manifestamente conselhista* precedeu em todos os lugares o aparecimento

---

99 Como ficou conhecida a série de transformações urbanísticas de Paris sob o Segundo Império (1852-1870). Concebida e aplicada por Napoleão III e o prefeito do departamento do Sena, o barão Haussmann, como uma modernização social e estética da capital francesa, tal perspectiva seria muito útil na repressão republicana à revolução proletária de 1871, principalmente no que se refere à destruição de velhos bairros proletários e suas ruelas sinuosas, de onde se erguiam facilmente barricadas, ou se atacavam, desde as janelas e telhados das antigas construções, a polícia e sua cavalaria, para em seu lugar serem construídos grandes bulevares, avenidas amplas o suficiente para inviabilizar a edificação de barricadas (NT).

100 André Breton (1896-1966) foi poeta, escritor e principal teórico do Movimento Surrealista francês. Breton havia estudado medicina sem, porém, terminar o curso. A última parte de seu livro *Nadja* (ao mesmo tempo romance, relato autobiográfico, ensaio filosófico e prosa poética ilustrada por fotografias e desenhos) é uma espécie de manifesto contra os manicômios e as internações forçadas dos considerados loucos (NT).

dos conselhos. Ora, o que os recrutas recentes do novo proletariado podem realizar será ainda mais bem feito pelos operários assim que saírem das gaiolas em que são mantidos pelos macacos do sindicalismo. Ou seja, em breve, se nos lembrarmos de palavras de ordem como "Linchemos o Séguy".

A formação de comitês de ação de base foi um sinal particular e positivo do movimento; no entanto, essa formação continha em si a maior parte dos obstáculos que viriam a romper o movimento. Ela emanava originalmente de um profundo desejo de escapar às manipulações burocráticas e iniciar uma ação autônoma pela base, como parte da subversão geral. Assim, os comitês de ação organizados em fábricas como a Rhône-Poulenc, na Nouvelles Messageries de la Presse Parisienne e em algumas lojas, para citar só alguns, puderam, desde o início, lançar e endurecer a greve contra todas as manobras sindicais. Esse também foi o caso dos comitês de ação "estudantes-operários" que conseguiram acelerar a ampliação e o fortalecimento da greve. No entanto, lançada por "militantes", a fórmula dos comitês de base sofria dessa pobre origem. A maioria era presa fácil para os profissionais do entrismo: deixavam-se paralisar por conflitos sectários que não podiam deixar de desanimar as boas intenções ingênuas. Muitos comitês desapareceram dessa forma. Outros enojaram os trabalhadores pelo seu ecletismo e sua ideologia. Sem atuar diretamente sobre as lutas reais, a fórmula era um subproduto bastardo da ação revolucionária; favorecia todas as caricaturas, todas as recuperações (CA Odéon, CA Escritores etc.).

A classe operária tinha percebido espontaneamente o que nenhum sindicato, nenhum partido, podia fazer por ela: o desencadeamento da greve e das ocupações de fábricas. Tinha feito o essencial, sem o qual nada teria sido possível, mas não fez nada mais e, portanto, forneceu a oportunidade para que forças externas a despojassem da sua vitória e falassem em seu nome. O stalinismo teve aqui o seu melhor papel desde Budapeste. O partido dito comunista e o seu apêndice sindical eram a principal força contrarrevolucionária que travava o movimento. Nem a burguesia nem a social-democracia teriam conseguido combatê-lo de forma tão eficaz. Foi por ser a central mais poderosa e cultivar a maior dose de ilusões que a CGT apareceu com mais evidência como o primeiro inimigo da greve. Na verdade, todos os outros sindicatos estavam perseguindo o mesmo objetivo. Contudo, ninguém encontrou palavras mais belas que o *L'Humanité*, mancheteando com indignação: "O governo e o patronato prolongam a greve"[101].

---

101 Um panfleto de 8 de junho, citado no *ICO* nº 72, assinado pelo delegado de um comitê de solidariedade de traba-

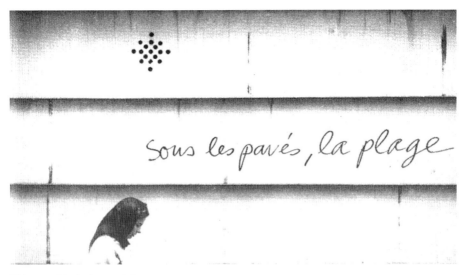

"Sob os paralelepípedos, a praia"

Na sociedade capitalista moderna, os sindicatos não são uma organização operária degenerada nem uma organização revolucionária traída pelos seus líderes burocratizados, mas um mecanismo de integração do proletariado ao sistema de exploração. Reformista por definição, o sindicato, independentemente do conteúdo político da burocracia que o dirija, continua sendo a melhor defesa do patronato que se tornou reformista por sua vez (como se viu na sabotagem da grande greve selvagem belga de 1960-1961 pelo sindicato socialista). É o principal obstáculo a toda vontade de emancipação total do proletariado. A partir de agora, qualquer revolta da classe operária será feita em primeiro lugar contra os seus próprios sindicatos. Esta é a verdade elementar que os neobolcheviques se recusam a reconhecer.

Assim, ao mesmo tempo em que lançavam a palavra de ordem da "revolução", permaneceram na esfera da contrarrevolução: trotskistas e maoístas de todas as cores sempre se definiram em relação ao stalinismo oficial. Por isso mesmo, contribuíram para nutrir as ilusões do proletariado sobre o PCF e os sindicatos. Portanto,

lhadores e estudantes suecos de Gotemburgo, relata que Tomasi, representante da CGT-Renault, recusou a soma coletada, argumentando que «essa greve é um *assunto francês* e não diz respeito a outros países"; que os operários franceses eram "operários avançados" e que, portanto, não careciam de nada, e principalmente de dinheiro... que *a presente greve não tinha nada de revolucionária*, que apenas as "reivindicações" estavam em causa, que o funcionamento das fábricas gerido pelos trabalhadores por conta própria era uma ideia romântica, inadequada para a situação francesa; que a greve era o resultado de um trabalho paciente e ordenado feito pelos sindicatos durante anos e que, infelizmente, pequenos grupos *infiltrados* estavam "tentando opor os operários aos dirigentes sindicais, fazendo crer que os sindicatos tinham seguido os operários em greve e não o contrário" (NA).

Quadrinho de inspiração conselhista editado em Toulouse.

não é de admirar que eles mais uma vez denunciem uma traição onde houve apenas uma conduta burocrática natural. Por trás da defesa de sindicatos mais "revolucionários", está o desejo secreto de infiltrar-se neles algum dia. São cegos para enxergar o moderno, e insistem em repetir os erros do passado; são a memória avariada do proletariado, tentando ressuscitar todas as revoluções fracassadas do nosso tempo, de 1917 às revoluções camponesas burocráticas da China e de Cuba. A força da sua inércia anti-histórica pesou na balança contra a revolução, e sua prosa ideológica ajudou a falsificar os diálogos reais que se esboçavam um pouco por toda parte.

Mas todos esses obstáculos objetivos, externos à ação e à consciência da classe operária, não teriam resistido à primeira ocupação de fábrica se os obstáculos subjetivos próprios ao proletariado não estivessem ainda presentes. A corrente revolucionária que mobilizou em poucos dias milhões de trabalhadores partiu de muito baixo. Não se passa ileso por décadas de história contrarrevolucionária. Alguma coisa sempre fica, e dessa vez foi o atraso da consciência teórica que teve as consequências mais graves. A alienação mercantil, a passividade espetacular e a separação organizada são as principais realizações da abundância moderna; e, antes de mais nada, esses aspectos é que foram postos em causa pelo levante de maio, mas foi a sua parte oculta na própria consciência das pessoas que salvou o velho mundo. Os proletários entraram na luta espontaneamente, armados apenas com a sua subjetividade revoltada; a profundidade e a violência do que fizeram é a resposta imediata à insuportável ordem dominante; mas, finalmente, a massa revolucionária não teve tempo para ter uma consciência exata e real do que estava fazendo. É esse descompasso entre a consciência e a práxis que foi a marca fundamental das revoluções proletárias inacabadas. A consciência histórica é a condição *sine qua non* da revolução social. Houve certamente grupos conscientes que vislumbraram o sentido profundo do movimento e compreenderam o seu desenvolvimento; foram os que agiram com mais radicalidade e consequência. Não foram as ideias radicais que faltaram, mas sobretudo a teoria coerente e organizada.

Os que falaram de Marcuse[102] como "teórico" do movimento não sabiam do que estavam falando. Não entenderam nem Marcuse nem, *a fortiori*, o próprio movimento. A ideologia marcusiana, já risível, foi aplicada ao movimento do mesmo modo que Geismar, Sauvageot e Cohn-Bendit tinham sido "designados" para representá-

---

102 Herbert Marcuse (1898-1979) foi um teórico alemão de orientação hegeliana, freudiana e marxista, membro do Instituto de Pesquisa Social (mais conhecido como Escola de Frankfurt), ao lado dos filósofos Theodor Adorno e Max Horkheimer. Nos anos 1960, alguns de seus livros, como *Eros e Civilização* (1955) e *Ideologia da Sociedade Industrial* (1964), entraram para as listas dos mais vendidos. Marcuse foi muito citado como o "pai da New Left" e acusado tanto pela direita como pela esquerda institucionalizada de ser o teórico responsável pelos acontecimentos de 1968 (NT).

-lo. Ora, eles mesmos admitem que ignoravam Marcuse[103]. Na realidade, se a crise revolucionária de maio mostrou alguma coisa, foi exatamente o oposto das teses marcusianas: a saber, que o proletariado não está integrado, e que é a principal força revolucionária da sociedade moderna. Pessimistas e sociólogos precisam refazer os seus cálculos. Os subdesenvolvidos, o Black Power[104] e os dutschkistas[105] também.

Foi também esse atraso teórico que gerou todas as lacunas práticas que contribuíram para paralisar a luta. Se o princípio da propriedade privada, base da sociedade burguesa, foi pisoteado por toda parte, muito poucos se atreveram a ir até o fim. A recusa da pilhagem foi apenas um detalhe: em nenhum lugar os operários procederam a uma distribuição dos estoques de mercadorias das lojas de departamento. Quase nunca foi decidida a retomada de certos setores da produção ou a distribuição a serviço dos grevistas, apesar de alguns apelos isolados nesse sentido. Na verdade, tal empreendimento pressupõe outra forma de organização do proletariado que não a polícia sindical. E foi essa forma autônoma que faltou mais cruelmente.

Se o proletariado não conseguir se organizar de modo revolucionário, não pode vencer. Os lamentos trotskistas sobre a ausência de uma "organização de vanguarda" são o oposto do projeto histórico de emancipação do proletariado. O acesso da classe operária à consciência histórica será obra dos próprios trabalhadores, e é só por meio de uma organização autônoma que eles poderão fazer isso. A forma conselhista continua sendo o meio e a meta dessa emancipação total.

Foram esses obstáculos subjetivos que fizeram com que o proletariado não conseguisse falar por si mesmo e que, ao mesmo tempo, permitiram que os especialistas da frase, entre os principais responsáveis por esses obstáculos, pudessem continuar pontificando. Mas onde quer que tenham se encontrado com a teoria radical, eles

---

103 Embora tenham realmente lido muito pouco, esses intelectuais recuperadores não se privam mesmo assim de ocultar as suas poucas leituras, para posar como puros homens de ação. Postulando uma independência que lhes teria sido concedida pela ação, eles esperam fazer esquecer que foram apenas fantoches publicitários dessa ação representada. O que pensar, com efeito, da declaração cínica de Geismar em *A revolta estudantil* (Seuil): "*Talvez daqui a vinte anos, se conseguirmos construir uma nova sociedade e, portanto, uma nova universidade nessa sociedade*, haja historiadores e ideólogos para descobrir, em um certo número opúsculos ou panfletos de filósofos, as fontes criadoras do que aconteceu; mas acho que, no presente momento, essas fontes são informais» (*sublinhado pelo autor*). O torpe Geismar pode tirar o bigode, foi reconhecido! (NA).

104 O termo *Black Power* ("Poder Negro") foi lançado por Stokely Carmichael, do *Student Nonviolent Coordinating Committee* (SNCC – "Comitê de Coordenação dos Estudantes Não-violentos") em 1966, e recobria a posição de diversos grupos políticos e culturais negros nos Estados Unidos, ativos sobretudo nos anos 1960 e 1970, na luta contra a segregação racial. O movimento se tornou mundialmente famoso nos Jogos Olímpicos do México, em 1968, quando Tommie Smith e John Carlos, atletas negros estadunidenses, levantaram seus punhos em saudação aos Panteras Negras (*Black Panther*), um dos grupos mais radicais e influentes dessa órbita (NT).

105 Referência aos seguidores do alemão Rudi Dutschke (NT).

sofreram. Nunca tantas pessoas, que tanto tinham merecido isso, foram tratadas como *canalhas*: além dos porta-vozes oficiais do stalinismo, também os Axelos[106], os Godard[107], os Châtelet[108], os Morin[109], os Lapassade[110] que se viram insultados e expulsos, nos anfiteatros da Sorbonne e nas ruas, quando compareceram a esses lugares para prosseguir os seus bons ofícios e as suas carreiras. Mas é claro que esses répteis não se arriscavam a morrer de vergonha por isso. Esperaram a hora deles, a da derrota do movimento das ocupações, para reiniciar o seu número ao gosto da época. Não vimos então, anunciados no programa da imbecilesca "Universidade de Verão" (no *Le Monde* de 3 de julho), Lapassade pela autogestão; Lyotard[111] e Châtelet pela filosofia contemporânea; e Godard, Sartre[112] e Butor[113] no "comitê de apoio"?

106 Kostas Axelos (1924-2010) foi um filósofo franco-grego e diretor, no início dos anos 1960, da *Arguments*, uma revista de filosofia política marxista e antistalinista que publicou autores como Herbert Marcuse, Gyorgy Lukács e Karl Korsch (NT).

107 Jean-Luc Godard (1930-), cineasta franco-suíço, foi um dos fundadores da *Nouvelle Vague*. A explosão de 1968 impacta profundamente sua produção, que até 1972 seria assinada *Groupe Dziga Vertov*. As críticas dos situacionistas em relação às posições políticas e estéticas de Godard foram publicadas nos números 10 (1966) e 12 (1969) da revista *Internationale Situationniste* (NT).

108 François Châtelet (1925-1985) foi um historiador da filosofia e filósofo político francês. Junto a Michel Foucault e Gilles Deleuze, ajudou a fundar o Departamento de Filosofia da Universidade de Vincennes (futura Paris VIII). Châtelet lecionou filosofia na Universidade de São Paulo (USP) em 1971 (NT).

109 Esse porco exagera. Em seu livro idiota *Maio de 1968: a brecha*, ele não se acanha em acusar os situacionistas de terem promovido agressões físicas "de vários contra um". Para esse ex-*Arguments*, a mentira é definitivamente uma profissão. No entanto, ele deve saber que *um único situacionista* o faria correr até Versailles, ou mesmo Plomédet (NA). Edgar Morin (1921-) é um eminente filósofo e sociólogo francês. Teórico da "complexidade" e proponente de uma "crisologia", cofundador da revista *Arguments* (1956-62), Morin é coautor (junto a Claude Lefort e Cornelius Castoriadis) do livro sobre 68 mencionado nesta nota por Viénet, e é autor do livro *La métamorphose de Plomédet* (1967), resultado de uma pesquisa etnológica feita por Morin e sua equipe de sociólogos e antropólogos na comuna de Plomédet, na região da Bretanha (extremo oeste da França), entre 1965-66 (NT).

110 Georges Lapassade (1924-2008) foi um filósofo e sociólogo francês, colaborador da *Arguments*, teórico da "etnometodologia". Lapassade era um alvo constante dos situacionistas, sendo diretamente lembrado e criticado (enquanto recuperador da ideia de uma "situação livremente construída" defendida pela IS) no panfleto de Khayati, *A miséria do meio estudantil* (1966), no livro *A arte de viver para as novas gerações* (1967, Gallimard; 2017, Veneta), de Vaneigem, bem como seria também simplesmente insultado no número 9 (1964) da revista *Internationale Situationniste* (NT).

111 Jean-François Lyotard (1924-1998) foi um filósofo francês ligado à corrente do chamado "pós-estruturalismo". Participou, nos anos 1950, do grupo Socialisme ou Barbarie, o qual deixa em 1959 para fundar outro grupo, o Pouvoir Ouvrier [Poder Operário]. Em 1968, lecionava filosofia na universidade Paris X. Sua obra mais conhecida é *A condição pós-moderna* (1979), em grande medida responsável pela popularização das expressões "pós-moderno" e "pós-modernismo" mundo afora (NT).

112 Jean-Paul Sartre (1905-1980), escritor e filósofo francês, eminente representante da corrente existencialista. Cofundador (junto a Simone de Beauvoir, filósofa feminista e sua companheira) e diretor da revista *Temps Modernes* (1945-). Sartre filia-se ao PCF em 1952, rompendo com ele após a destruição, pelo exército "soviético", da revolução húngara em 1956. Em 1968, apoia o movimento de ocupações na França, bem como a chamada Primavera de Praga. Em 1973, ajuda a fundar com outros intelectuais de esquerda o jornal *Libération* (NT).

113 Michel Butor (1926-2016) foi um escritor, tradutor e poeta francês, autor de *La modification* (1957), obra maior do movimento literário chamado *Nouveau roman* (NT).

É óbvio que todos os que haviam obstruído a transformação revolucionária do mundo não foram transformados em nenhum fio de cabelo. Tão inabaláveis quanto os stalinistas, que não tinham nada a dizer sobre o nefasto movimento além de reclamar que os fizera perder as eleições, os leninistas dos partidos trotskistas não viram nele mais que a confirmação da sua tese sobre a necessidade de um partido de vanguarda dirigente. Quanto aos tantos espectadores, colecionaram ou revenderam as publicações revolucionárias; e correram para comprar pôsteres com fotos das barricadas.

CAPÍTULO VII
O PONTO CULMINANTE

"Concluamos: os que não sabem mudar de método quando os tempos
o exigem, prosperarão sem dúvida enquanto sua marcha estiver em
harmonia com a da Fortuna; mas se perdem assim que esta muda.
Além disso, penso que mais vale ser demasiado ousado do que
demasiado cauteloso [...]"
Maquiavel, *O Príncipe*.

Na manhã do dia 27 de maio, Séguy foi expor aos operários da Renault-Billancourt os acordos entre os sindicatos, o governo e o patronato. Todos os trabalhadores vaiaram o burocrata, que tinha vindo – tudo no discurso dele o demonstra – na esperança de se consagrar com esse resultado. Diante da ira da base, o stalinista abrigou-se rapidamente atrás de um detalhe silenciado até então e, com efeito, essencial: nada seria assinado sem a ratificação dos operários. Tendo eles rejeitado os acordos, a greve e as negociações precisavam continuar. Na esteira da Renault, todas as empresas recusaram as migalhas com que a burguesia e os seus auxiliares tinham esperado pagar a volta ao trabalho.

O conteúdo dos "acordos de Grenelle"[114] certamente não era o bastante para suscitar o entusiasmo das massas operárias, que sabiam ser virtualmente senhoras da produção que paralisavam havia dez dias. Esses acordos aumentavam os salários em 7% e elevavam o salário-mínimo por hora garantido por lei de 2,22 para 3 francos: o que queria dizer que o setor mais explorado da classe operária, especialmente no interior do país, que ganhava 348,80 francos por mês, agora teria um poder aquisitivo mais adequado à "sociedade da abundância" – 520 francos por mês. Os dias de greve só seriam pagos depois de compensados em horas extras. Só essa gorjeta já onerava pesadamente o funcionamento normal da economia francesa, sobretudo nos seus compromissos com o Mercado Comum e nas concorridas disputas do capitalismo internacional. Todos os operários sabiam que essas "vantagens" seriam retomadas deles com aumento iminente dos preços. *Sentiam* que seria mais conveniente var-

---

114 Nome pelo qual ficaram conhecidas as negociações entre o Primeiro-Ministro George Pompidou e os representantes do patronato, do Ministério do Trabalho e das centrais sindicais, realizadas no fim de maio, na sede do Ministério dos Assuntos Sociais, localizado na rua de Grenelle, em Paris (NT).

rer o sistema, que tinha chegado com isso ao máximo de concessões que podia fazer, e organizar a sociedade em uma base diferente. A queda do regime gaullista era necessariamente um pré-requisito para essa inversão de perspectiva.

Os stalinistas entendiam o quanto a situação era perigosa. Apesar de seu apoio constante, o governo tinha acabado de fracassar mais uma vez em seus esforços para se reafirmar. Após o fracasso de Pompidou, no dia 11 de maio, em deter a elevação da crise sacrificando a própria autoridade no campo universitário, um discurso de De Gaulle e os acordos fechados às pressas entre Pompidou e os sindicatos não conseguiram contornar uma crise que se tornara profundamente social. Os stalinistas começaram a perder esperanças na sobrevivência do gaullismo, porque não tinham conseguido salvá-lo até então e porque o gaullismo parecia ter perdido o vigor necessário para se conservar. Foram forçados, com muito pesar, a se arriscar no outro lado – onde sempre tinham fingido estar. Em 28 e 29 de maio, jogaram a carta da queda do gaullismo. Precisavam levar em conta diversas pressões, essencialmente dos operários. E, subsidiariamente, dos elementos da oposição que começavam a pretender substituir o gaullismo, e, assim, se arriscavam a ser acompanhados por uma parte dos que queriam antes de mais nada que o regime caísse. Entre estes estavam tanto os sindicalistas cristãos da CFDT quanto Mendès-France[115], a "Federação" do nebuloso Mitterrand[116] ou a reunião do Estádio Charléty[117] por uma organização burocrática de extrema-esquerda[118]. Todos esses sonhadores, aliás, só levantaram a voz em nome da suposta força que os stalinistas poriam em jogo para inaugurar o pós-gaullismo deles. Tolices punidas depois pelos acontecimentos.

Os stalinistas eram muito mais realistas. Resignaram-se a solicitar um "governo popular" nas fortes e inúmeras manifestações da CGT no dia 29, e já se preparavam para defendê-lo. Sabiam que, para eles, aquela seria uma alternativa

---

115 Pierre Mendès-France (1907-1982), político francês de esquerda, tradicional opositor de De Gaulle. Chegou a governar a França por um curto período, entre 1954 e 1955. Foi um dos raros políticos de sua geração a falar com simpatia do movimento de maio de 68. Na época, fazia parte do PSU (Parti Socialiste Unifié), um pequeno partido de esquerda (NT).

116 François Mitterrand (1916-1996), presidente da França de 1981 a 1995, disputou a presidência com o general De Gaulle em 1965, perdendo para ele no segundo turno. Em 1968, Mitterrand era presidente da Federação da Esquerda Democrática e Socialista (Fédération de la Gauche Démocrate et Socialiste – FGDS), criada por ele em 1965 e atuante até 1968. A FGDS unia grupos parlamentares socialistas (como a Seção Francesa da Internacional Operária – SFIO – e o Partido Radical-Socialista – PRS) de oposição ao Partido Comunista (NT).

117 No dia 27 de maio, UNEF, FEN e PSU (CFDT presente) organizam um ato conjunto da esquerda não comunista no Estádio Sébastian-Charléty, em Paris, mobilizando cerca de 40 mil pessoas (NT).

118 Um dos méritos dos cohn-bendistas do "22 de Março" foi ter repelido os avanços do stalinista em ruptura Barjonet e outros chefetes esquerdistas ecumênicos. Nem é preciso dizer que os situacionistas, por sua vez, só responderam com desprezo (NA). Ver *Dirigido a todos os trabalhadores* na seção Documentos Selvagens deste livro (NT).

perigosa. Se não pudessem ajudar a derrotar o movimento revolucionário antes que este conseguisse derrubar o gaullismo, temiam, justamente, ser ainda menos capazes de derrotá-lo *depois*. Um editorial de rádio anunciava, já no dia 28 de maio, com um pessimismo prematuro, que o PCF nunca mais se reergueria e que o principal perigo vinha agora dos "esquerdistas situacionistas".

No dia 30 de maio, De Gaulle expressou firmemente em um discurso a sua intenção de continuar no poder a todo custo. Ofereceu a escolha entre eleições legislativas em breve ou a guerra civil imediata. Regimentos de confiança foram mobilizados em torno de Paris e amplamente fotografados. Os stalinistas, encantados, tiveram o cuidado de não chamar à manutenção da greve até a queda do regime. Estavam ansiosos para aderir às eleições gaullistas, fosse qual fosse o preço para eles.

Nessas condições, a alternativa imediata era entre a afirmação autônoma do proletariado e a derrota completa do movimento; entre a revolução dos conselhos e os "acordos de Grenelle". O movimento revolucionário não podia liquidar o PCF sem antes expulsar De Gaulle. A forma do poder dos trabalhadores que poderia ter se desenvolvido na fase pós-gaullista da crise, bloqueada ao mesmo tempo pelo velho Estado reafirmado e pelo PCF, não tinha mais nenhuma possibilidade de ultrapassar a sua derrota já em marcha.

A sobrevivência e sua falsa contestação

A ARTE DE VIVER PARA
AS NOVAS GERAÇÕES
Por Raoul Vaneigem
(Gallimard)

A sobrevivência é a vida reduzida aos imperativos econômicos.

O que não é superado apodrece, o que apodrece incita à superação.

Ignorando ambas as tendências, a recusa inconsequente acelera a decomposição e se integra a ela,

A sobrevivência é a não superação tornada inviável.

A simples recusa da sobrevivência condena à impotência.

Não deu certo!

Acho que não.

CAPÍTULO VIII
O CONSELHO PELA MANUTENÇÃO DAS OCUPAÇÕES E AS TENDÊNCIAS CONSELHISTAS

"Essa explosão foi causada por alguns grupos que se revoltam contra a sociedade de consumo, contra a sociedade mecânica, seja ela comunista no Leste ou capitalista no Ocidente. Grupos que, aliás, não têm a menor ideia de com que vão substitui-la, mas que se deleitam com a negação, a destruição, a violência, a ilegalidade com que desfraldam a bandeira negra."
De Gaulle, entrevista televisiva de 7 junho de 1968.

O Conselho pela Manutenção das Ocupações (CMDO) foi formado na noite de 17 de maio pelos partidários do primeiro Comitê de Ocupação da Sorbonne que tinham se retirado com ele e que se propunham a manter, na continuidade da crise, o programa da democracia de Conselhos, inseparável de uma expansão quantitativa e qualitativa do movimento das ocupações.

Umas quarenta pessoas se reuniam em permanência no CMDO; a elas se juntavam momentaneamente outros revolucionários e grevistas, vindos de várias empresas, do estrangeiro ou do interior, para onde voltavam depois. O CMDO foi quase constantemente composto por dez situacionistas e *Enragés* (entre eles Debord, Khayati, Riesel, Vaneigem)[119], outros tantos trabalhadores, dez secundaristas ou "estudantes" e uma dúzia de outros conselhistas sem função social específica.

Ao longo de toda a sua existência, o CMDO teve êxito em um experimento de democracia direta, garantida pela participação igual de todos nos debates, nas decisões e na execução. Era essencialmente uma Assembleia Geral ininterrupta, que deliberava dia e noite. Nenhuma fração, nenhuma reunião particular jamais ocorreu paralelamente ao debate comum.

---

119 Há uma lista manuscrita contendo a assinatura dos membros do CMDO que ocuparam a sede do Instituto Pedagógico Nacional. As assinaturas apresentam-se, nesse documento, na seguinte ordem: Guy Debord, Raoul Vaneigem, Mustapha Khayati, René Viénet, René Riesel, Patrick Cheval, Christian Sébastiani, Robert Belghanem, Axel, "o gráfico", "o músico", Jacques Le Glou, Pierre Sennelier, Pierre Lepetit, Hubert Bérard, Yves Raynaud, Gérard Joannès, Jean-Louis Philippe, Pierre Éblé, Jean-Louis Rançon, Alain Chevalier, Pierre Dolé, Alain Joubert, Pierre Barret, François de Beaulieu, Eduardo Rothe, Michel Mazeron, "o húngaro", Valère-Gil, Catherine Paillasse, Françoise Zylberberg, Alice Becker-Ho (NT).

Unidade criada espontaneamente nas condições de um momento revolucionário, o CMDO era obviamente menos um conselho do que uma organização conselhista – que operava, portanto, com base no modelo da *democracia soviética*. Como resposta improvisada a esse momento preciso, o CMDO tampouco podia se fazer passar por uma organização conselhista permanente, nem tender, como tal, a se transformar em uma organização desse tipo. Contudo, uma concordância quase geral sobre as principais teses situacionistas reforçava a sua coesão.

Três comissões tinham se organizado no âmbito da Assembleia Geral para permitir a sua atividade prática. A Comissão Gráfica era encarregada da elaboração e impressão das publicações do CMDO, tanto operando as máquinas à sua disposição como trabalhando com os grevistas de algumas gráficas. A Comissão de Ligações, que dispunha de uns dez carros, estava encarregada de contatos com as fábricas ocupadas e do transporte do material a difundir. A Comissão de Suprimentos, que se destacou nos dias mais difíceis, providenciava para que nunca faltassem papel, gasolina, comida, dinheiro e vinho. Para garantir a rápida redação dos textos, cujo conteúdo era determinado por todos, não havia nenhuma comissão permanente, mas, a cada vez, alguns membros eram nomeados para a tarefa e apresentavam o resultado à assembleia.

O Conselho pela Manutenção das Ocupações fez a sua própria ocupação, instalando-se principalmente nos edifícios do Instituto Pedagógico Nacional (IPN), na rua d'Ulm, a partir do dia 19 de maio. No final do mês de maio, ele se mudou para os porões do prédio vizinho, uma "Escola de Artes Decorativas". A ocupação do IPN teve de notável que, embora os pedagogos de todos os tipos tenham se sentido denunciados e vilipendiados na sua infeliz profissão[120], muitos elementos do

---

[120] Um cartaz aconselhava: "Não diga mais 'sr. professor. Diga 'morra, imbecil!'". Outro lembrava que "o próprio educador precisa ser educado" (NA).

O PROLETARIADO COMO SUJEITO E COMO REPRESENTAÇÃO

A SOCIEDADE DO ESPETÁCULO
Por Guy Debord
(Buchet-Chastel)

A revolução proletária depende inteiramente desta necessidade:

Ela exige que os operários se tornem dialéticos

e inscrevam seu pensamento na prática;

pois a consciência ideológica parcial edificada por uma parte da classe burguesa

tinha como base essa *parte* central da vida social, a economia,

pessoal, operários e técnicos, aproveitaram a oportunidade para exigir a gestão do seu local de trabalho, e tomaram valentemente partido pelo movimento em todas as suas formas de luta. Desse modo, o "comitê paritário" da ocupação viu-se nas mãos dos revolucionários. Um *enragé* de Nanterre tinha sido encarregado do serviço de segurança. Todos só tiveram motivos para congratular-se por essa escolha, inclusive os pedagogos. A ordem democrática não foi perturbada por ninguém, o que permitia a mais ampla tolerância: deixaram até que um stalinista do pessoal vendesse o *L'Humanité*[121] em frente à porta. A bandeira vermelha e a bandeira negra tremulavam juntas na fachada do prédio.

O CMDO publicou uma série de textos[122]. Um "Relatório sobre a ocupação da Sorbonne", de 19 de maio, concluía: "A luta estudantil está agora superada. Mais superadas ainda estão todas as direções burocráticas que creem ser inteligente fingir respeito pelos stalinistas nesse momento em que a CGT e o partido dito comunista tremem. A saída para a crise atual está nas mãos dos próprios trabalhadores, se conseguirem realizar, na ocupação das suas fábricas, o que a ocupação universitária pôde apenas esboçar".

Em 22 de maio, a declaração "Pelo poder dos Conselhos Operários" constatava: "Em dez dias, não apenas centenas de fábricas foram ocupadas pelos operários e uma greve geral espontânea interrompeu totalmente a atividade do país, como também diferentes prédios pertencentes ao Estado estão ocupados por comitês que se apropriaram de sua gestão. Na presença de tal situação, que não pode em nenhum caso durar, mas que está diante da alternativa de se ampliar ou desaparecer (repressão ou negociação liquidante), todas as velhas ideias são varridas, todas as hipóteses radicais sobre o retorno do movimento revolucionário proletário são confirmadas."

Esse texto enumerava três possibilidades, em ordem de probabilidade decrescente: um acordo entre o governo e o PCF "sobre a desmobilização dos operários em troca de benefícios econômicos"; a transferência do poder para a esquerda "que vai fazer a mesma política, embora de uma posição enfraquecida"; e, finalmente, os operários falando por si mesmos "tomando consciência de reivindicações que estejam no nível do radicalismo das formas de luta que eles já puseram em prática". Mostrava também como a continuação da situação atual podia conter essa possibilidade: "A obrigação de colocar em marcha certos setores da economia sob controle

---

121 Jornal francês fundado em 1904 por Jean Jaurès (1859-1914). Foi, de 1920 a 1994, o principal jornal do Partido Comunista Francês (NT).

122 Vários deles podem ser encontrados na seção Documentos Selvagens deste livro (NT).

operário pode fornecer as bases desse novo poder, que em tudo leva a superar os sindicatos e partidos existentes. Será preciso recolocar as estradas de ferro e as gráficas a serviço das necessidades da luta operária. Será preciso que as novas autoridades de fato confisquem e distribuam mantimentos [...]"

Em 30 de maio, o panfleto "Dirigido a todos os trabalhadores" declarava: "O que já fizemos na França assombra a Europa e em breve ameaçará todas as classes dominantes do mundo, dos burocratas de Moscou e Pequim aos bilionários de Washington e Tóquio. Assim como fizemos Paris dançar, o proletariado internacional voltará a atacar as capitais de todos os Estados, todas as cidadelas da alienação. A ocupação de fábricas e edifícios públicos em todo o país não apenas bloqueou o funcionamento da economia como, sobretudo, levou a um novo questionamento geral da sociedade. Um movimento profundo levou quase todos os setores da população a querer uma mudança da vida. É, de agora em diante, um movimento revolucionário, ao qual não falta mais do que a consciência do que já fez para possuir de fato essa revolução [...] Os que rejeitaram os acordos derrisórios que ultrapassavam as direções sindicais têm que descobrir que não podem 'obter' muito mais no quadro da economia existente, mas que eles podem tudo tomar transformando todas as bases por sua própria conta. Os patrões não podem pagar mais; mas podem desaparecer". Em seguida, o texto rejeitava "a recauchutagem burocrático-revolucionária" tentada em Charléty para obter certa unificação dos pequenos partidos esquerdistas, e recusava a mão estendida descaradamente aos situacionistas pelo stalinista dissidente André Barjonet[123]. "Dirigido a todos os tra-

---

123 André Barjonet (1921-2005) tornou-se membro do Partido Comunista durante a Segunda Guerra Mundial. Paralelamente à sua atividade como militante do PC, exerceu, entre 1946 e 1968, o cargo de secretário do Centro de

balhadores" mostrava que o poder dos Conselhos Operários era a única solução revolucionária, já inscrita nas lutas de classe deste século. Mais tarde, intervindo nas lutas em Flins, o CMDO difundiu em 8 de junho o panfleto "Não acabou!", denunciando as metas e métodos dos sindicatos na questão: "Os sindicatos ignoram a luta de classes, só conhecem as leis do mercado, e no seu comércio pretendem ser proprietários dos trabalhadores [...] A vergonhosa manobra para impedir o socorro aos operários de Flins é apenas mais uma das repugnantes 'vitórias' dos sindicatos em sua luta contra a greve geral [...] Nada de unidade com os divisores".

O CMDO também publicou uma série de cartazes, cerca de cinquenta quadrinhos e algumas canções de ocasião. Os seus principais textos tiveram tiragens que se podem estimar entre 150 e mais de 200 mil exemplares. Isso foi possível porque, dedicando-se naturalmente a fazer a sua prática concordar com a sua teoria, o CMDO havia contatado os operários das gráficas ocupadas, que deram de bom grado a sua colaboração, recolocando em operação o excelente equipamento de que dispunham[124]. Esses textos também foram com frequência reproduzidos no interior e no exterior assim que eram recebidos os primeiros exemplares[125]. O próprio CMDO tinha se encarregado da tradução, e uma primeira tiragem saiu em inglês, alemão, espanhol, italiano, dinamarquês e árabe. As versões em árabe e espanhol foram antes de mais nada distribuídas entre trabalhadores imigrantes. Uma versão falsificada do texto foi reproduzida no *Combat* de 3 de junho: os ataques contra os stalinistas e as referências situacionistas desapareceram dele simultaneamente.

O CMDO esforçou-se, com notável sucesso, para estabelecer e manter ligações com empresas, trabalhadores isolados, comitês de ação e grupos do interior do país: essa ligação foi particularmente forte com Nantes. Além disso, o CMDO esteve presente em todos os aspectos das lutas em Paris e nos subúrbios.

O Conselho pela Manutenção das Ocupações concordou em se dissolver no dia 15 de junho. O refluxo do movimento das ocupações tinha levado vários dos seus membros a levantar, uma semana antes, a questão da dissolução, que tinha sido adiada devido à continuação das lutas dos grevistas que se recusavam à derrota, principalmente em Flins. O CMDO não tinha tentado obter nada para si, nem fazer nenhum

---

Estudos Econômicos e Sociais da CGT. Deixou o PC e a CGT em maio de 1968, opondo-se aos chamados Acordos de Grenelle (NT).

124 Sabe-se que as gráficas comerciais não são tão bem controladas pelos sindicalistas stalinistas como as da imprensa (NA).

125 Entre as primeiras reedições desses documentos estão uma brochura sueca das edições revolucionárias *Libertad*; uma edição especial da publicação venezuelana clandestina *Proletario*; a brochura publicada no Japão pelo Zengakuren sob o título "Lições da derrota da revolta de maio na França" (NA).

tipo de recrutamento com vistas a uma existência permanente. Os seus participantes não separavam as suas metas pessoais das metas gerais do movimento. Eram indivíduos independentes que tinham se agrupado para uma luta, com bases determinadas, em um momento específico; e que voltaram a ser independentes depois. Alguns deles, que reconheciam na Internacional Situacionista a sequência das suas próprias atividades, juntaram-se a ela[126]. Outras tendências "conselhistas" — no sentido de serem a favor dos conselhos, mas não querendo reconhecer a sua teoria e a sua verdade — manifestaram-se nos edifícios do anexo Censier da Faculdade de Letras, onde conduziram, como "Comitê de Ação Trabalhadores-Estudantes", uma discussão um tanto improdutiva, que dificilmente poderia avançar para um esclarecimento prático. Grupos como "Poder Operário", "Grupo de Ligação e Ação dos Trabalhadores" e vários indivíduos das empresas cometeram o erro de aceitar nos seus debates, já confusos e repetitivos, todos os tipos de adversários ou sabotadores das suas posições: trotskistas ou maoístas que paralisavam a discussão, com alguns deles permitindo-se até queimar publicamente uma plataforma antiburocrática elaborada por uma comissão designada para essa finalidade. Esses conselhistas puderam intervir em algumas lutas práticas, especialmente no início da greve geral, enviando alguns dos seus para ajudar a alavancar a greve ou a reforçar os piquetes. Mas a sua intervenção sofreu frequentemente dos defeitos inerentes à sua própria constituição: aconteceu de vários membros das suas delegações exporem aos trabalhadores pontos de vista fundamentalmente opostos. O grupo antissindicalista "Informação Correspondência Operária", que não chegava a ser conselhista e não tinha nem certeza de ser um grupo, estabeleceu-se em uma sala à parte. Indiferente à situação, discutia em círculos a confusão habitual do seu boletim e reproduzia o seu psicodrama obstrucionista: seria preciso ater-se à informação pura, pasteurizada de todo germe teórico, ou a escolha de informações não era já inseparável de pressupostos teóricos ocultos? De modo mais geral, o defeito de todos esses grupos, cuja briosa experiência provinha do passado distante das derrotas operárias e nunca das novas condições e do novo estilo de luta que ignoravam por princípio, era o de repetir a sua ideologia de costume no mesmo tom tedioso que haviam conservado por uma ou duas décadas de inatividade.

---

126 Alguns elementos exteriores apresentaram-se abusivamente como membros do CMDO, assim como aconteceu, com muito maior frequência, que indivíduos se fizessem passar falsamente por membros da IS, por vaidade tola ou com algum fim mais escuso. Dois ou três antigos membros nostálgicos do CMDO não evitaram explorar o próprio passado em um estilo tristemente espetacular. Isso não afetou em nada a quase totalidade dos seus participantes, que aportaram tantas capacidades notáveis sem que ninguém quisesse colocar-se à frente. O Conselho pela Manutenção das Ocupações vai voltar um dia com o seu tempo, que também voltará (NA).

Pareciam não ter visto nada de novo no movimento das ocupações. Já tinham visto tudo. Estavam enfastiados. Esse desânimo sabichão aguardava apenas a derrota para extrair as suas consequências, como nas ocasiões anteriores. A diferença é que não tinham tido oportunidade de participar dos movimentos anteriores que analisavam; e dessa vez viviam o momento que preferiam já considerar do ponto de vista do espetáculo histórico – ou mesmo como um repeteco pouco instrutivo.

Novas correntes conselhistas não apareceram na crise – com exceção do CMDO – quando as antigas eram tão pouca coisa, tanto no plano da teoria como no da eficácia prática. O "22 de Março" até tinha algumas veleidades conselhistas, como tinha de tudo, mas nunca as apresentou nas suas publicações e nas suas várias entrevistas. No entanto, uma aceitação cada vez maior da palavra de ordem dos conselhos operários ficou evidente durante toda a crise revolucionária. Esse foi um dos seus principais efeitos; e continua a ser uma das suas promessas mais seguras.

CAPÍTULO IX
A RESTAURAÇÃO DO ESTADO

"Todos devem erguer a cabeça, assumir as suas responsabilidades
e recusar o terrorismo intelectual [...] Não há nenhuma razão para
que o Estado entregue a administração e os estabelecimentos públicos
ao primeiro que chegar; para que abandone as suas responsabilidades
e esqueça os seus deveres."
Robert Poujade, discurso à Assembleia Nacional em 24 de julho de 1968.

A burguesia tinha esperado o dia 30 de maio para mostrar abertamente o seu apoio ao Estado. Com o discurso de De Gaulle, a classe dominante como um todo retomava a palavra e afirmava maciçamente a sua presença, após ter-se prudentemente abrigado por várias semanas atrás da proteção da tropa de choque. A manifestação da Concorde e dos Champs-Elysées foi a versão subversalhesa das passeatas da CGT que exigiam um "governo popular". A histeria reacionária ficou à solta, do medo do "vermelho" às palavras de ordem reveladoras, como "Cohn-Bendit em Dachau!", e comungavam na manifestação os veteranos de guerra, os sobreviventes de todas as guerras coloniais, os ministros, os alcaguetes, os pequenos comerciantes, os michês do XVI[127] e os seus cafetões dos bairros chiques, os macróbios e todos aqueles a quem o interesse e o gosto pela senilidade levavam a defender e ilustrar a República. O Estado reencontrava assim a sua base, e a polícia os seus auxiliares, a UDR[128] e os Comitês de Ação Cívica. A partir do momento em que o gaullismo decidiu-se a ficar no poder, a violência desabrida licenciou a repressão stalinista, que até então tinha se encarregado de fechar qualquer abertura revolucionária, principalmente nas fábricas. Após três semanas de ausência quase total, o Estado pôde dispensar os seus cúmplices do PCF. Dedicou-se então a expulsar os operários das fábricas, com o mesmo empenho que os sindicatos tinham tido para mantê-los trancados nelas. De Gaulle acaba-

---

127 Referência ao décimo-sexto *arrondissement* de Paris. A cidade é dividida em vinte *arrondissements* (regiões administrativas). O XVI é uma área predominantemente residencial da classe alta (NT).

128 A União pela Defesa da República (UDR) é a sigla eleitoral adotada em 23 de junho de 1968 pelo movimento gaullista e seus aliados (principalmente os republicanos independentes) em reação à *greve geral selvagem* de maio-junho. O movimento gaullista se denomina, de 1958 a 1967, União pela Nova República (UNR) e, de 1967 a 1976, União dos Democratas pela Quinta República (UD-V), depois União dos Democratas pela República (UDR, sigla reapropriada em 1968). Em 1976, torna-se a Reunião pela República (RPR) (NT).

ra de livrar os stalinistas da perspectiva de um "governo popular", em que o seu papel de derradeiros inimigos declarados do proletariado teria sido tão perigoso. Eles o ajudaram a fazer o resto.

Tanto para um como para os outros, tratava-se agora de saber acabar com a greve para permitir as eleições. A recusa dos "acordos de Grenelle" tinha ensinado os dirigentes a ter cautela com toda negociação de âmbito nacional. Era preciso desmontar a greve da mesma forma que ela tinha começado: setor por setor, empresa por empresa. A tarefa era longa e difícil. Por toda parte, os grevistas mostravam uma hostilidade aberta à retomada do trabalho. No dia 5 de junho, um comunicado da direção da CGT estimava que "onde quer que as reivindicações essenciais tenham sido atendidas, é do interesse dos assalariados pronunciar-se em massa pela volta unificada ao trabalho".

A partir do dia 6, bancários e securitários voltaram ao trabalho. A SNCF (companhia ferroviária), reduto da CGT, também decidiu pela retomada. Foram repostos em circulação, por conta do Estado, os trens que em nenhum momento haviam sido postos a serviço dos grevistas – o que os ferroviários belgas tinham feito durante a greve de 1961. As primeiras falsificações da votação sobre a retomada do trabalho ocorreram nos Correios e Telégrafos e na RATP, onde apenas uma minoria de sindicalizados pôde pronunciar-se; os delegados da CGT provocaram a retomada fazendo crer em cada estação que todas as demais tinham abandonado a greve. Os funcionários do *Nation*, percebendo essa manobra grosseira, pararam imediatamente o trabalho, mas não conseguiram reanimar o movimento.

A tropa de choque interveio de forma complementar, para expulsar os técnicos grevistas da France-Inter e trocá-los por técnicos do exército. Nesse mesmo dia, 6 de junho, a tropa de choque desalojou os operários da fábrica da Renault em Flins. Foi a primeira tentativa de quebrar a greve, que até então continuava total entre os metalúrgicos, sem usar a ideologia, com armas na mão. "A hora não está mais para passeios", escreveram os grevistas de Flins no seu apelo de 6 de junho pela reocupação da fábrica. Sentiram então o quanto seu isolamento era nefasto. Milhares de revolucionários responderam ao apelo; mas apenas algumas centenas foram capazes de se juntar a eles para lutar a seu lado. Na manifestação organizada pelos sindicatos em Elizabethville, os operários forçaram o delegado da CGT a dar a palavra a Geismar e a um membro do "22 de Março", não porque lhes reconhecessem alguma importância, mas por simples preocupação democrática.

Às 10h, a intervenção da polícia deu início ao enfrentamento. Por doze horas, dois mil operários e «estudantes» resistiram, nos campos e nas ruas das cidades vizinhas, a 4.000 policiais e elementos da tropa de choque. Esperaram em vão por reforços de Paris. Na verdade, a CGT tinha impedido a saída de operários de Boulogne-

Billancourt[129] e se opôs, na estação de Saint-Lazare, a que trens fossem postos à disposição dos milhares de manifestantes que acorreram para ir lutar em Flins.

Os organizadores do evento, com Geismar e Sauvageot à frente, foram igualmente brilhantes. Cederam à CGT e acabaram o que ela tinha começado, dissuadindo os que pensavam em ir ao socorro de Flins apoderando-se de um trem e chamando-os a se dispersar frente às primeiras barreiras policiais. O pobre Geismar não foi recompensado por isso. Esse soporífero foi mesmo assim chamado de "especialista da provocação" em um comunicado particularmente velhaco da CGT, que não hesitou em qualificar os revolucionários de Flins como "grupos estranhos à classe trabalhadora", como "formações, com treinamento quase militar, que já tinham se feito notar por ocasião de operações da mesma natureza na região de Paris" e que "agem obviamente a serviço dos piores inimigos da classe operária", porque "é difícil acreditar que a arrogância dos patrões da metalurgia, o apoio que recebem do governo, a brutalidade policial contra os trabalhadores e iniciativas de provocação não sejam obra de um conluio".

129 Na noite de 9 para 10 de junho, uma delegação de operários de Flins veio pedir ajuda nas faculdades ocupadas e em Boulogne-Billancourt. Alguns estudantes foram; mas em Billancourt a CGT barrou o acesso da delegação à fábrica. Os compartimentos estanques que encerravam os trabalhadores separavam também duas unidades da mesma empresa (NA).

Um pouco por toda a parte, os sindicatos conseguiam fazer retomar o trabalho; já tinham sido atiradas para eles algumas migalhas.

Só os metalúrgicos continuavam resistindo. Depois do fracasso de Flins, o Estado ainda tentaria a sorte em Sochaux, na Peugeot. No dia 11 de junho, a tropa de choque interveio contra os operários; o enfrentamento, muito violento, durou várias horas. Pela primeira vez nessa longa crise, as forças da ordem dispararam contra a multidão. Dois operários foram mortos. Esse era o momento em que podiam fazer isso sem provocar uma reação. O movimento já estava derrotado, e a repressão política começou. No entanto, em 12 de junho, uma última noite de tumultos, após a morte de um secundarista durante os combates em Flins, teve algumas inovações: a rápida multiplicação das barricadas e o lançamento sistemático de coquetéis molotov dos telhados contra o serviço de ordem.

No dia seguinte, o estado decretou a dissolução das organizações trotskistas e maoístas e do "22 de Março", com base em uma lei da Frente Popular[130], originalmente dirigida contra as ligas paramilitares de extrema-direita[131]. A essa mesma extrema-direita o gaullismo fazia convites discretos. Foi uma oportunidade para recuperar o primeiro 13 de maio[132]. Os líderes exilados da OAS[133] voltaram à França.

[130] A ascensão de Hitler na Alemanha, em 1933, levou a URSS a tentar uma aproximação com as democracias ocidentais. Na França, esse movimento se cristalizou em uma "união de esquerda" entre comunistas, socialistas e radicais que sairia vitoriosa das eleições de 3 de maio de 1936: era a chamada Frente Popular, liderada pelos socialistas e apoiada pelos comunistas (NT).

[131] O pretexto foi mal escolhido, porque esses grupos nunca armaram milícias. Evidentemente, todos os revolucionários manifestaram a sua solidariedade concreta contra essa repressão. Tais medidas policiais são, aliás, singularmente inadequadas frente ao caráter de organização autônoma não hierárquica dos aspectos mais originais do movimento. Muitos comentários sobre essas medidas de dissolução se divertiram assimilando os situacionistas ao "22 de Março". Foi somente nessas circunstâncias que a IS, é claro, não desmentiu publicamente essa afirmação (NA).

[132] Data da tomada do poder por De Gaulle, em 13 de maio de 1958 (NT).

[133] Organisation Armée Secrète (Organização do Exército Secreto), grupo paramilitar de extrema-direita que, nos

Salan[134] foi solto de Tulle, enquanto a extrema-esquerda começava a ser mandada para Gravelle[135].

Havia algo de podre no ar desde que as bandeiras tricolores da Concorde[136] tinham aparecido. Comerciantes provocadores, padres e patriotas voltavam a levantar a cabeça, e regressavam às ruas onde não teriam ousado mostrar-se alguns dias antes. Rufiões a soldo da polícia provocaram árabes e judeus em Belleville, fornecendo assim uma distração bem conveniente no momento em que continuavam

anos 50 e início dos 60, durante a Guerra da Argélia, empreendeu vários ataques terroristas contra argelinos e esquerdistas (NT).
134 Raoul Salan (1899-1984) foi o líder da OAS. Condenado à prisão perpétua em 1962, passou a cumprir a pena na cidade de Tulle (centro-oeste da França), até ser anistiado por De Gaulle em 1968 (NT).
135 O forte de Grevelle (em um subúrbio de Paris) foi, na época, transformado em sede da Escola Nacional da Polícia e centro de detenção de estrangeiros em situação irregular (NT).
136 Maior praça de Paris, carregada de simbolismo por ter sido palco de diversos dos principais acontecimentos da história da França (NT).

as operações de desalojo das empresas e prédios ainda ocupados. Uma campanha de calúnias foi lançada contra os "katangais"[137] da Sorbonne". Os lamentáveis esquerdistas não falharam em se deixar levar por ela.

Após o fracasso do experimento de democracia direta, a Sorbonne tinha assistido à instalação de diversos feudos, tão ridículos quanto burocráticos. Aqueles a quem a imprensa chamava de "katangais", ex-mercenários, desempregados e desclassificados[138], ocuparam rapidamente o posto de chefes em uma república de chefetes. A Sorbonne teve assim os senhores que merecia; contudo, embora os katangais também tivessem entrado no jogo da autoridade, não mereciam companheiros tão medíocres. Vindos para participar da festa, encontraram apenas os portadores pedantes do tédio e da impotência, os Kravetz e os Péninou. Quando os estudantes os expulsaram, foi com a esperança estúpida de conseguir com essa baixeza que lhes fosse concedida a gestão duradoura de uma Sorbonne desinfetada como "Universidade de Verão". Um dos katangais observou com razão: "Os estudantes podem ser instruídos, mas não são inteligentes. Tínhamos vindo para ajudar [...]" O recuo dos indesejáveis para o Odéon provocou a imediata intervenção das forças da ordem. Os últimos ocupantes da Sorbonne tiveram apenas quarenta e oito horas para limpar as paredes e expulsar os ratos, antes que a polícia viesse lhes dizer que a brincadeira tinha acabado. Foram embora, sem sequer um simulacro de resistência. Após o fracasso do movimento, só esses imbecis ainda acreditavam que o Estado não retomaria a Sorbonne.

---

137 Referência ao grupo de mercenários da região de Katanga, no Congo, treinados por milicianos belgas e franceses para combater as organizações engajadas na guerrilha anticolonial. Região onde Lumumba foi assassinado, em 1961 (NT).

138 Na realidade, os próprios *katangais* se autointitularam assim porque seu líder, Jackie, o *katangais*, se dizia um ex-mercenário que havia lutado com o exército de Katanga na guerra do Congo (NT).

"Tal atitude costuma ser a primeira reação do saber a que se apresenta o que era desconhecido, e isso para salvar a sua própria liberdade, a sua própria maneira de ver, a sua própria autoridade contra uma autoridade alheia (pois é sob esse aspecto que se manifesta o que se aprende pela primeira vez)."

Hegel, *Fenomenologia do espírito*.

Para garantir o sucesso da campanha eleitoral, era preciso liquidar o último bastião de resistência dos metalúrgicos. Os sindicatos, e não o Capital, cederam aos acordos. Isso permitiu ao *L'Humanité* aplaudir o "retorno vitorioso ao trabalho" e à CGT chamar os metalúrgicos a "prolongar o seu sucesso com a vitória da verdadeira união de forças de esquerda com uma agenda comum nas próximas eleições parlamentares". A Renault, a Rhodiaceta e a Citroën voltaram ao trabalho nos dias 17 e 18. A greve tinha acabado. Os operários sabiam que não tinham conseguido quase nada; porém, ao estender a greve para além de 30 de maio, e levando tanto tempo para acabar com ela, afirmaram à sua maneira que queriam outra coisa além de benefícios econômicos. Sem poderem dizer isso e sem tempo para fazê-la, era a revolução que tinham desejado.

Após a derrota, era natural que o enfrentamento eleitoral dos diferentes partidos da ordem acabasse com a vitória esmagadora daquele que estava em melhor posição para defendê-la.

O sucesso gaullista foi acompanhado das últimas operações para levar as coisas de volta ao ponto de partida. Todos os edifícios ocupados foram evacuados. Observe-se que o Estado esperou a primeira semana de julho para usar o argumento jurídico fundamental, ou seja, que "a ocupação de edifícios destinados a um serviço público de qualquer tipo é ilegal". Por quase dois meses, não tinha sido possível opor esse argumento ao movimento das ocupações[139].

Os atos de vandalismo que tinham marcado o início do movimento retornaram, no seu fim, ainda mais violentos, testemunhando a recusa da derrota e a firme intenção de continuar o combate. Assim, para citar apenas dois atos exemplares, podia-se ler no *Le Monde* de 6 de julho: "Tapetes empapados com ovos, manteiga, talco, sabão em pó, tinta preta e óleo; telefones arrancados e pintados de vermelho; máquinas IBM massacradas a marteladas; janelas pintadas de preto; remédios espalhados e manchados com tinta; fichas de pacientes inutilizáveis, cobertas com

---

139 Tinham sido necessários pretextos mais ou menos falaciosos para justificar a retomada, pela polícia, do Odéon, da Sorbonne e da Escola de Belas-Artes (NA).

Retomada de um quadrinho do CMDO pelos conselhistas de Toulouse.

tinta de mimeógrafo; históricos de tratamento enegrecidos com tinta spray; pichações obscenas ou injuriosas, esse é o espetáculo que oferecia na quarta-feira de manhã o conjunto dos consultórios médicos (incluindo o secretariado e o serviço social, batizado em uma pichação raivosa como 'serviço antissocial') de um dos mais importantes centros de atendimento neuropsiquiátrico do hospital Sainte-Anne. Um quadro estranhamente similar ao que se pôde observar em Nanterre, onde se encontravam em todas as paredes pichações no mesmo estilo e com o mesmo espírito [...] Cabe perguntar se não há uma relação entre as recentes mudanças introduzidas nesse serviço, por razões estritamente profissionais, e esses atos de vandalismo". E no *Combat* de 2 de julho: "O sr. Jacquenod, diretor da escola secundária piloto de Montgeron, escreve: 'No interesse público, é meu dever informar os atos absolutamente escandalosos de que são culpados na região de Essonne, nestes últimos tempos, alguns comandos irresponsáveis de *Enragés* que se reivindicam de uma certa Internacional Situacionista. Ao contrário do que a imprensa tinha deixado entender a respeito, esses tristes indivíduos revelaram ser bem mais prejudiciais do que folclóricos. Não é mais hora de benevolência, as vergonhosas degradações de monumentos aos mortos, igrejas, mosteiros, edifícios públicos etc. a que eles se dedicaram são simplesmente intoleráveis. Depois de se introduzirem fraudulentamente no recinto do nosso estabelecimento na noite de 13 para 14 de junho, eles se puseram a colar cerca de 300 cartazes, panfletos, canções, histórias em quadrinhos etc. Mas os danos ocorridos foram causados principalmente por um emporcalhamento sistemático, feito a tinta, das paredes do grande colégio e do colégio técnico. No dia 21 de junho, embora a polícia houvesse aberto um inquérito, novas degradações (cartazes, panfletos, pichações), como que para desafiá-la, ocorreram em pleno dia no interior dos edifícios. O sr. Jacquenod julga ser seu dever alertar o público sobre esses 'atos de vandalismo, altamente prejudiciais para o clima de paz que recobramos pouco a pouco'".

CAPÍTULO X
PERSPECTIVAS DA REVOLUÇÃO MUNDIAL APÓS O MOVIMENTO DAS OCUPAÇÕES

"A IS semeou o vento. Vai colher tempestades."
Internacional Situacionista, nº 8, janeiro de 1963.

O movimento das ocupações foi imediatamente sentido pelo mundo como um evento histórico de importância capital, como o início de uma nova era ameaçadora, cujo programa proclama a morte iminente de todos os regimes existentes. Ao estupor inquieto que criou, tal como na França, entre os responsáveis e porta-vozes de todas as classes dominantes, respondeu imediatamente um renascimento do internacionalismo e uma radicalização das tendências revolucionárias. A solidariedade dos operários organizados foi expressa de várias maneiras: estivadores de Savona e Antuérpia recusando-se a descarregar mercadorias destinadas à França e os tipógrafos belgas interditando o referendo natimorto anunciado por De Gaulle em 24 de maio, recusando-se a imprimir os seus boletins de voto. Em meados de maio, a Aliança Estudantil Radical[140] de Londres fez chegar à França um discurso aos estudantes e operários, escrito em francês: "Também nós sentimos os golpes dos cassetetes da polícia e os efeitos do gás lacrimogêneo; as traições por parte dos nossos supostos líderes não são desconhecidas por nós. O conjunto de todas essas experiências nos bastaram como prova da necessidade de nos unir em solidariedade à luta viva contra as estruturas da sociedade global, tanto quanto nas universidades [...] Mas vocês, camaradas, conseguiram levar essa luta para além de um exame da universidade de classe, até uma luta unida à dos operários, uma luta que visa à capitulação total da sociedade capitalista [...] Unidos aos seus camaradas nas fábricas, nos portos marítimos e nos escritórios, vocês destruíram o mito da estabilidade da Europa capitalista e, consequentemente, vocês fazem tremer os regimes e a burguesia. Nas Bolsas da Europa os capitalistas tremem, os professores e os gerontocratas envelhecidos ficam sem palavras para explicar a ação das massas [...] Camaradas, vocês reviveram as tradições de 1871 e 1917, vocês deram ao socia-

---

140 Formada na Inglaterra em 1966, a Aliança Estudantil Radical (Radical Student Alliance) introduziu na Inglaterra os *sit-ins* (atos de desobediência civil que consistem em ocupar um determinado espaço e sentar-se no chão, em nome de objetivos políticos específicos) como forma de protesto, inicialmente contra o racismo e a Guerra do Vietnã (NT).

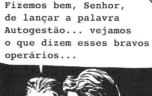

lismo internacional um novo impulso." O Comitê de Coordenação da greve dos estudantes de Columbia publicou no início de junho, em Nova York, um panfleto que declarava: "Por mais de duas semanas, doze milhões de trabalhadores e estudantes franceses conduzem uma greve geral de massa contra o mesmo tipo de condições que enfrentamos nos Estados Unidos [...] Apesar dos esforços dos burocratas sindicais, entre eles a direção 'comunista' da CGT, para moderar o movimento e chegar a um compromisso com o patronato e o governo gaullista, os trabalhadores votaram pela continuação da greve até a completa satisfação das suas exigências [...] Se vencermos na França, isso vai dar nova vida ao movimento internacional que já está surgindo na Alemanha Ocidental, na Espanha, na Itália, no Japão e até aqui, nos Estados Unidos. Quando travamos aqui as nossas próprias batalhas, ajudamos a criar as condições para uma vitória na França e em todo o mundo. A luta deles é a nossa. Os trabalhadores e estudantes da França procuram nos Estados Unidos uma resposta ao seu primeiro passo de gigante na batalha por uma nova sociedade."

As barricadas e coquetéis molotov dos estudantes de Berkeley, os mesmos que haviam inaugurado a agitação universitária três anos antes, responderam no final de junho. A partir de meados de maio, uma organização revolucionária foi formada entre a juventude austríaca com esse programa simples: "Fazer como na França". No fim do mês, ocupações de locais universitários tinham ocorrido na Alemanha, em Estocolmo, em Bruxelas e na Escola de Belas-Artes de Hornsey, em Londres. Barricadas foram erguidas em Roma no dia 31. Em junho, os estudantes de Tóquio, sempre tão combativos e determinados a transformar o bairro universitário "em um Quartier Latin", ocuparam as suas faculdades e as defenderam contra a polícia. Nem a Suíça foi poupada: nos dias 29 e 30 de junho, motins estouraram em Zurique, onde centenas de manifestantes, armados com pedras e coquetéis molotov, invadiram a principal delegacia de polícia. "As manifestações violentas de Zurique",

"Militantes liquidação próxima"

observou o *Le Monde* de 2 de julho, "causaram um certo espanto. Muitos suíços que acreditavam que seu país estava a salvo do movimento de contestação que varre a Europa foram perturbados na sua quietude". A luta nos países capitalistas modernos reavivou, naturalmente, a agitação estudantil contra os regimes ditatoriais e nos países subdesenvolvidos. No final de maio, houve violentos enfrentamentos em Buenos Aires, em Dakar e em Madrid, e uma greve dos estudantes peruanos. Em junho, os incidentes estenderam-se ao Brasil; ao Uruguai, onde viriam a culminar em uma greve geral; à Argentina; à Turquia, onde as universidades de Istambul e Ancara foram ocupadas e fechadas *sine die*; e até ao Congo, onde os secundaristas exigiram a supressão dos exames.

A mais importante das consequências imediatas do movimento francês foi um primeiro abalo do poder das classes burocráticas na Europa Oriental, quando os estudantes iugoslavos, no início de junho, ocuparam a Universidade de Belgrado. Os estudantes formaram comitês de ação; denunciaram a propriedade burocrática da sociedade; reivindicaram a *autogestão autêntica* como liberdade e como abolição das classes; e votaram pela manutenção do nome "Universidade Karl Marx". Dirigiram-se aos operários: "Estamos indignados com as enormes diferenças

econômicas e sociais da nossa sociedade [...] Somos pela autogestão, mas contra o enriquecimento de indivíduos à custa da classe operária". O movimento teve ampla aprovação entre os operários. Como na Sorbonne, "muitos operários também tomaram a palavra no comício interminável da Faculdade de Filosofia, onde os oradores se revezavam sem cessar em meio ao entusiasmo geral" (Le Monde, 7 de junho). O regime viu-se ameaçado de morte. A autocrítica demagógica e as chorosas concessões de Tito[141], falando em ir embora se não conseguisse atender às justas reivindicações enunciadas, põem em evidência a fraqueza da burocracia iugoslava e o seu pânico. Pois ela sabe muito bem que as reivindicações radicais do movimento, por mais margem de manobra momentânea que tenham deixado para o personagem de Tito, não significam nada menos do que a sua liquidação como classe dominante, e a revolução proletária que, lá como em outros lugares, volta à

---

141 Josip Broz Tito (1892-1980), líder da Liga dos Comunistas da Iugoslávia (NT).

* O leitor pode observar neste quadrinho que suas protagonistas são mulheres ocupando espaços domésticos, enquanto os protagonistas dos demais quadrinhos, em sua maioria homens, ocupam o espaço público. Se, por um lado, seus autores tomavam como base histórias em quadrinhos já existentes, para realizar o desvio revolucionário de seu sentido original, refletindo, assim, os limites subjetivos e objetivos da época no que diz respeito à igualdade de gênero, por outro lado, este é um aspecto que não parecem problematizar.

luz. As concessões dos burocratas foram *classicamente* acompanhadas pela dose de repressão que eles podiam se permitir e pelas calúnias costumeiras, que refletiam a realidade invertida da sua *ideologia*: a Liga dita dos Comunistas, portanto, denunciou os "radicais de extrema-esquerda [...] ávidos por destruir a democracia e a autogestão". Até o *Le Monde* (de 12 de junho) percebeu se tratar "do aviso mais importante que o regime conheceu no interior desde a guerra"[142].

A França continua, ela também, na cadeia vulcânica da nova geografia das revoluções. Nada está resolvido. A erupção revolucionária não veio de uma crise econômica, mas, bem ao contrário, contribuiu para criar uma situação de crise na economia. O que foi atacado de frente em maio foi uma economia capitalista desenvolvida que estava *funcionando bem*; mas essa economia, depois de perturbada pelas forças negativas da sua superação histórica, deve *funcionar menos bem*: torna-se ainda mais odiosa e fortalece, assim, o "lado ruim", a luta revolucionária que a transforma. O meio estudantil tornou-se permanentemente um reduto de desordem na sociedade francesa; e, desta vez, não se trata mais de uma confusão da juventude *separada*. Os grandes aparatos burocráticos de enquadramento da classe operária pagaram caro por sua vitória contra a greve: muitos operários entenderam isso. Quanto aos pequenos partidos esquerdistas, aparentemente fortalecidos (e, sobretudo, graças à sua dissolução abusiva pela polícia), estão agora virtualmente condenados: a discreta cesta de caranguejos que eles formavam se espalhou sob os flashes durante a greve, mas sempre andando para trás.

A perspectiva da revolução mundial, quando reapareceu na França, não só recuperava um enorme atraso, o do seu meio século de ausência, como tinha até, exatamente por isso, alguns aspectos *prematuros*. Antes de romper o poder do Estado que enfrentava, o movimento das ocupações chegou onde todos os movimentos revolucionários, com exceção do de 1905, só chegaram *depois*. Os destacamentos armados à disposição do governo não tinham sido derrotados. No entanto, a tomada de alguns edifícios, a sua notória distribuição entre diferentes agrupamentos subversivos, não deixava de evocar algumas características de Barcelona no verão de 1936. Pela primeira vez na França, o Estado foi *ignorado*: foi a primeira crítica em atos do jacobinismo, que por tanto tempo foi o pesadelo dos movimentos revolucionários franceses, incluindo a Comuna. Ou seja,

---

142 Desde então, o levante dos estudantes mexicanos superou em escala todas as outras respostas ao nosso movimento de ocupações. No caso do México, trata-se de um país que mal saiu do subdesenvolvimento latino-americano. (*Nota adicionada em outubro de 1968, por Raoul Vaneigem*).

ao súbito retorno da especificidade revolucionária francesa (mais uma vez, as barricadas de Paris despertavam a Europa) misturaram-se elementos radicalmente novos. Assim como apenas ignorar o Estado *não era suficiente*, certamente também não havia ainda perspectivas suficientemente claras. A teoria revolucionária coerente era dominada por muito pouca gente, e a sua comunicação às massas teve de superar condições extremamente adversas: ao lado do poder da informação espetacular da ordem existente, burocracias contrarrevolucionárias que só tinham sido desmascaradas por muito poucas pessoas até então. Mesmo assim, não devemos ficar surpresos com as muitas fraquezas do movimento, mas nos maravilhar com a sua força.

A teoria radical foi confirmada. Foi imensamente fortalecida. Precisa agora fazer-se reconhecer por toda parte pelo que é, derrotar todos os novos esforços dos recuperadores que a espreitam. Os que a portam já não deviam fazer nenhuma concessão. É preciso que se tornem ainda mais exigentes a partir da posição de força que a história lhes dá. Nada menos do que o poder internacional dos conselhos operários pode satisfazê-los; não podem reconhecer nenhuma força revolucionária fora das organizações conselhistas que serão formadas em todos os países. As condições objetivas da revolução revelaram a sua presença assim que a revolução começou a falar como potência subjetiva. Aqui foi acesa uma fogueira que não se apagará. O movimento das ocupações acabou com o sono de todos os senhores da mercadoria, e nunca mais a sociedade espetacular conseguirá dormir.

QUE PEUT LE MOUVEMENT REVOLUTIONNAIRE MAINTENANT?
TOUT
QUE DEVIENT-IL ENTRE LES MAINS DES PARTIS ET DES SYNDICATS?
RIEN
QUE VEUT-IL? LA REALISATION DE LA SOCIETE SANS CLASSE PAR LE POUVOIR DES CONSEILS OUVRIERS

conseil pour le maintien des occupations

"O que pode o movimento revolucionário agora? Tudo. O que ele se torna nas mãos dos partidos e sindicatos? Nada. O que ele quer? A realização da sociedade sem classes através do poder dos conselhos operários. Conselho pela manutenção das ocupações". Desvio do seguinte trecho do clássico panfleto "O que é o Terceiro Estado?" escrito em 1789 por Emmanuel-Joseph Sieyès (1748-1836), político francês atuante durante a Revolução Francesa como representante do chamado Terceiro Estado: "O que é o Terceiro Estado? Tudo. O que ele tem sido até agora na ordem política? Nada. O que ele quer? Tornar-se alguma coisa".

**DOCUMENTOS
SELVAGENS**
MAPAS
PANFLETOS
CANÇÕES

MAPAS

"O Quartier Latin e seus arredores.

Delegacias perigosas.

Pontos de concentração das viaturas.

(bloqueio do bairro)

Comitê de Ação Cartográfica"

Action, n.1, 7 de maio de 1968.

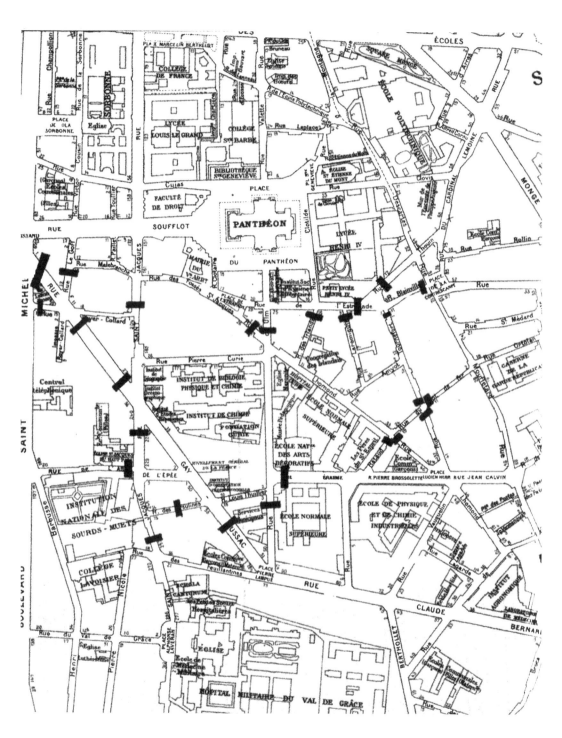

Perímetro de defesa e localização das principais barricadas do Quartier Latin ocupado.
Guy Debord, 10 de maio de 1968.

PANFLETOS

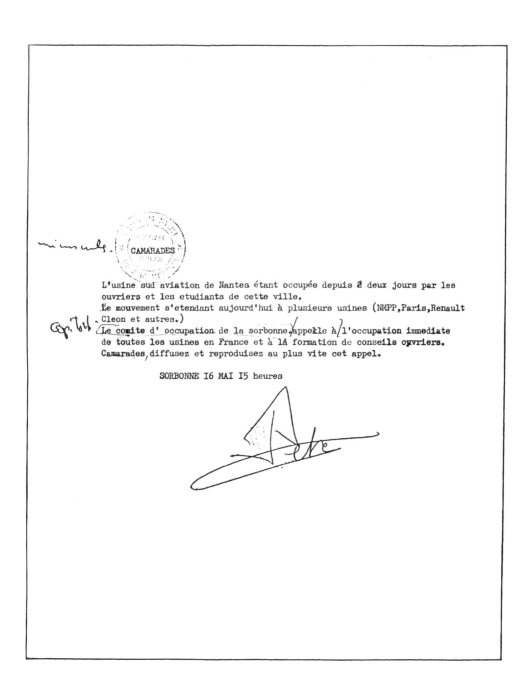

Rascunho do Comunicado publicado no dia 16 de maio às 15h30 pelo Comitê de Ocupação da Sorbonne.

COMUNICADO

CAMARADAS

Diante da ocupação da fábrica da Sud-Aviation de Nantes há dois dias pelos operários e estudantes dessa cidade
e da ampliação do movimento hoje para várias fábricas (Nouvelles Messageries de la Presse Parisienne[1], Renault de Cléon etc.)
O COMITÊ DE OCUPAÇÃO DA SORBONNE chama à ocupação imediata
de todas as fábricas da França e à formação de Conselhos Operários.
Camaradas, divulguem e reproduzam o mais rápido possível este chamado.

SORBONNE, 16 de maio de 1968, 15h30.

---

1 Ver nota 77 de *Enragés e situacionistas no movimento das ocupações* (NT).

VIGILÂNCIA!

Camaradas,

A soberania da Assembleia Revolucionária só tem sentido se ela exerce seu poder.

Há 48 horas é a capacidade mesma de decisão da Assembleia Geral que está sendo contestada por uma obstrução sistemática de todas as propostas de ação.

Até o momento, nenhuma ação pôde ser votada ou mesmo discutida, e os organismos eleitos pela Assembleia Geral (Comitê de Ocupação e Comitê de Organização) veem seu trabalho sabotado pelos organismos pseudoespontâneos.

Todas as discussões sobre organização que se querem apresentar como preliminares a qualquer atividade são abstrações se nada é feito.

SE SEGUIR ASSIM, O MOVIMENTO SERÁ ENTERRADO NA SORBONNE!

A exigência da democracia direta é o apoio mínimo que os estudantes revolucionários podem dar aos operários revolucionários que ocupam suas fábricas.

É inadmissível que os incidentes de ontem à noite na AG[2] não sejam condenados.

Os padres vencem quando os cartazes anticlericais são rasgados.

Os burocratas vencem quando paralisam, sem mesmo identificar-se, toda tomada de consciência do sentido revolucionário que o movimento pode alcançar nas barricadas.

Mais uma vez é o futuro que é sacrificado com o resgate do velho sindicalismo.

O cretinismo parlamentar quer se instalar na tribuna. Ele tenta colocar de novo em pé o velho sistema engessado.

Camaradas,

Só fazer a reforma da universidade é algo irrisório quando há todo um velho mundo a destruir.

O movimento não é nada se não for revolucionário.

COMITÊ DE OCUPAÇÃO DA SORBONNE
16 de maio de 1968, 16h30

---

2   Assembleia geral (NT).

CUIDADO!

O comitê de imprensa sediado na escada C, no segundo andar, Biblioteca Gaston Azard, não representa senão a si mesmo. Trata-se de uma dezena de estudantes--jornalistas preocupados em dar desde já garantias a seus futuros empregadores e a seus futuros censuradores.

Esse comitê, que tenta monopolizar os contatos com a Imprensa, se recusa a transmitir os comunicados das instâncias regularmente eleitas pela Assembleia Geral.

ESSE COMITÊ DE IMPRENSA É UM COMITÊ DE CENSURA: não se dirigir mais a ele.

Os diferentes comitês, comissões, grupos de trabalho podem se dirigir diretamente à AFP (Agência França de Imprensa) 508 45 40 ou aos diferentes jornais:

LE MONDE: 770 91 29.

FRANCE-SOIR: 508 28 00.

COMBAT: deixar mensagem para o Sr. Robert Toubon, CEN 81 11.

Os diferentes grupos de trabalho podem, sem intermediários, atropelando os burocratas mal dissimulados, dizer, quando quiserem, o que quiserem.

Os jornalistas podem, aguardando a Assembleia Geral desta noite, em que serão tomadas novas decisões, se dirigir ao Comitê de Ocupação e ao Comitê de Coordenação eleitos pela AG de ontem à noite.

TODOS À ASSEMBLEIA GERAL DESTA NOITE PARA FECHAR AS PORTAS AOS BUROCRATAS:

COMITÊ DE OCUPAÇÃO DA UNIVERSIDADE
AUTÔNOMA E POPULAR DA SORBONNE
16 de maio, 17h

CUIDADO COM OS MANIPULADORES! CUIDADO COM OS BUROCRATAS!

Camaradas,

A importância da AG desta noite (quinta-feira, 16 de maio) não deve escapar a ninguém. Há dois dias, indivíduos que reconhecemos por já os termos visto vender o peixe de seus partidos conseguem semear a desordem e sufocar as AGs com uma confusão burocrática que testemunha claramente o seu desprezo por essa assembleia.

Essa assembleia deve aprender a se fazer respeitar ou desaparecerá.

Dois pontos precisam ser prioritariamente discutidos:

– QUEM CONTROLA O SERVIÇO DE ORDEM? cujo asqueroso papel é insuportável.

– POR QUE O COMITÊ DE IMPRENSA, que *ousa censurar os comunicados* de que é encarregado de transmitir às agências, é composto por aprendizes de jornalistas preocupados em não decepcionar os patrões da ORTF, em não comprometer seus futuros empregos? Por outro lado, no momento em que os operários começam a ocupar várias fábricas na França, SEGUINDO NOSSO EXEMPLO E COM O MESMO DIREITO QUE NÓS, o Comitê de Ocupação da Sorbonne aprovou o movimento hoje às 15h. A questão central da presente AG é, portanto, a de se pronunciar com um voto claro para apoiar ou repudiar o chamado de seu Comitê de Ocupação. Em caso de repúdio, essa assembleia assumirá a responsabilidade de reservar aos estudantes um direito que ela recusa à classe trabalhadora e, nesse caso, ficará claro que ela não pretende falar de outra coisa senão de uma reforma gaullista da universidade.

COMITÊ DE OCUPAÇÃO DA UNIVERSIDADE
AUTÔNOMA E POPULAR DA SORBONNE
16 de maio de 1968, 18h30.

PALAVRAS DE ORDEM PARA DIFUNDIR AGORA POR TODOS OS MEIOS

(panfletos, proclamações ao microfone, quadrinhos, canções, pichações nos muros, intervenções nas lousas da Sorbonne, proclamações nas salas de cinema durante a projeção ou parando-a, intervenções nos cartazes do metrô, antes de fazer amor, depois de fazer amor, nos elevadores, toda vez que levantamos o braço em um restaurante).

OCUPAÇÃO DAS FÁBRICAS

TODO O PODER AOS CONSELHOS DE TRABALHADORES

ABAIXO A SOCIEDADE ESPETACULAR-MERCANTIL

ABOLIÇÃO DA ALIENAÇÃO

FIM DA UNIVERSIDADE

A HUMANIDADE SÓ SERÁ FELIZ NO DIA EM QUE O ÚLTIMO BUROCRATA FOR ENFORCADO COM AS TRIPAS DO ÚLTIMO CAPITALISTA

MORTE AOS CRETINOS

LIBERTEM TAMBÉM OS 4 CONDENADOS POR PILHAGEM NO DIA 6 DE MAIO.

COMITÊ DE OCUPAÇÃO DA UNIVERSIDADE
AUTÔNOMA E POPULAR DA SORBONNE
16 de maio de 1968, 19h

DEFINIÇÃO MÍNIMA DAS ORGANIZAÇÕES REVOLUCIONÁRIAS[3]

Considerando que o único objetivo de uma organização revolucionária é a abolição das classes existentes por uma via que não provoque uma nova divisão da sociedade, qualificamos como revolucionária toda organização que persiga com consequência a realização internacional do poder absoluto dos Conselhos Operários tal qual esboçado pela experiência das revoluções proletárias deste século.

Tal organização apresenta uma crítica unitária do mundo ou não é nada. Por crítica unitária, entendemos uma crítica pronunciada globalmente contra todas as zonas geográficas onde estão instaladas diversas formas de poderes socioeconômicos separados e pronunciada globalmente também contra todos os aspectos da vida.

Tal organização reconhece o começo e o fim de seu programa na descolonização total da vida cotidiana, ela não visa, portanto, à autogestão do mundo existente pelas massas, mas à sua transformação ininterrupta. Ela carrega a crítica radical da economia política, a superação da mercadoria e do trabalho assalariado.

Tal organização recusa toda reprodução em si mesma das condições hierárquicas do mundo dominante. A única exigência para a participação em sua democracia total é o reconhecimento e a autoapropriação por todos os seus membros da coerência de sua crítica: essa coerência deve estar na teoria crítica propriamente dita e na relação entre essa teoria e a atividade prática. Ela critica radicalmente toda ideologia enquanto poder separado das ideias e ideias do poder separado. Assim, ela é ao mesmo tempo a negação de toda sobrevivência da religião e do atual espetáculo social que, da informação à cultura massificadas, monopoliza toda comunicação dos homens em torno de uma recepção unilateral de imagens de sua atividade alienada. Ela dissolve toda "ideologia revolucionária" desmascarando-a como assinatura do fracasso do projeto revolucionário, como propriedade privada de novos especialistas do poder, como impostura de uma nova representação que se ergue acima da vida real proletarizada.

Quando a categoria da totalidade é o juízo final da organização revolucionária moderna, esta é finalmente uma crítica da política. Ela deve visar, explicitamente, em sua vitória, ao seu próprio fim enquanto organização separada.

COMITÊ ENRAGÉS–INTERNACIONAL SITUACIONISTA

---

3 Excerto do n. 11 (out. de 1967) da revista *Internacional Situacionista*, reeditado em panfleto no dia 15 de maio de 1968 (NA).

TEXTOS DE ALGUNS CARTAZES FIXADOS NAS PAREDES DA SORBONNE, 14 DE MAIO DE 1968

VIGILÂNCIA

Os recuperadores estão entre nós!

"Destruí, portanto, para sempre tudo o que pode destruir um dia vossa obra!" (Sade)

COMITÊ ENRAGÉS–INTERNACIONAL SITUACIONISTA

Depois de Deus, a arte morreu. Que os padres não a ressuscitem!

CONTRA toda sobrevivência da arte,

CONTRA o reinado da separação,

DIÁLOGO DIRETO

AÇÃO DIRETA

AUTOGESTÃO DA VIDA COTIDIANA.

COMITÊ ENRAGÉS–INTERNACIONAL SITUACIONISTA

Camaradas,

Descristianizemos imediatamente a Sorbonne.

Não podemos mais tolerar que haja nela uma capela!

Desenterremos e enviemos ao Eliseu[4] e ao Vaticano os restos do imundo Richelieu[5], homem de Estado e cardial.

COMITÊ ENRAGÉS–INTERNACIONAL SITUACIONISTA

---

4   Ver nota 69 de *Enragés e situacionistas no movimento das ocupações* (NT).

5   Ver nota 70 de *Enragés e situacionistas no movimento das ocupações* (NT).

TELEGRAMAS ENVIADOS PELO COMITÊ DE OCUPAÇÃO DA SORBONNE, 17 DE MAIO DE 1968

CENTRO INTERNACIONAL DE PESQUISAS SOBRE O ANARQUISMO (CIRA)

(LAUSANNE, SUÍÇA)

TEMOS CONSCIÊNCIA DE COMEÇAR A FAZER HISTÓRIA PONTO FAZEMOS QUESTÃO DE MOSTRAR ISSO À POSTERIDADE ATRAVÉS DOS ARQUIVOS DO CIRA PONTO A HUMANIDADE SÓ SERÁ FELIZ NO DIA EM QUE O ÚLTIMO BUROCRATA FOR ENFORCADO COM AS TRIPAS DO ÚLTIMO CAPITALISTA PONTO VIVA AS OCUPAÇÕES DAS FÁBRICAS PELOS OPERÁRIOS PONTO VIVA O PODER INTERNACIONAL DOS CONSELHOS DE TRABALHADORES PONTO COMITÊ DE OCUPAÇÃO DA SORBONNE AUTÔNOMA E POPULAR.

INSTITUTO INTERNACIONAL DE HISTÓRIA SOCIAL (AMSTERDAM, HOLANDA)

TEMOS CONSCIÊNCIA DE COMEÇAR A PRODUZIR NOSSA PRÓPRIA HISTÓRIA PONTO FAZEMOS QUESTÃO DE MOSTRAR ISSO À POSTERIDADE ATRAVÉS DOS ARQUIVOS DE SEU INSTITUTO PON-TO A HUMANIDADE SÓ SERÁ FELIZ NO DIA EM QUE O ÚLTIMO CAPITALISTA FOR ENFORCADO COM AS TRIPAS DO ÚLTIMO BUROCRATA PONTO VIVA AS OCUPAÇÕES DAS FÁBRICAS PONTO VIVA O PODER INTERNACIONAL DOS CONSELHOS OPERÁRIOS PONTO COMITÊ DE OCUPAÇÃO DA SOR-BONNE AUTÔNOMA E POPULAR.

ZENGAKUREN[6] (TÓQUIO, JAPÃO)

VIVA A LUTA DOS CAMARADAS JAPONESES QUE INAUGURARAM O COMBATE AO MESMO TEMPO NO FRONTE DO ANTISTALINISMO E DO ANTI-IMPERIALISMO *P*ONTO VIVA AS OCUPAÇÕES DAS FÁBRICAS PONTO VIVA A GREVE GERAL PONTO VIVA O PODER INTERNACIONAL DOS CONSELHOS OPERÁRIOS PONTO A HUMANIDADE SÓ SERÁ FELIZ NO DIA EM QUE O ÚLTIMO CAPITALISTA FOR ENFORCADO COM AS TRIPAS DO ÚLTIMO BUROCRATA PONTO COMITÊ DE OCUPAÇÃO DA SOR-BONNE AUTÔNOMA E POPULAR.

---

6   O movimento *Zengakuren* (acrônimo para *Zen Nihon Gakusei Jichikai Sō Rengō* – 全日本学生自治会総連合 –, em tradução livre: *Federação Japonesa das Associações de Autogestão Estudantil*) surgiu em 1947, no Japão, depois de uma tentativa fracassada de greve geral no país, liderada pelo Partido Comunista Japonês (PCJ) e deflagrada contra uma onda de privatizações após a derrota do imperador na II Guerra Mundial. Apesar de se espalhar rapi-damente pelas fábricas através dos sindicatos, as forças de ocupação americanas proibiram a greve de acontecer, e os stalinistas do PCJ cederam à proibição, abortando a greve geral. Após essa traição, os estudantes se organi-zaram nas universidades para reivindicar suas pautas. Suas principais reivindicações: a expulsão dos professores "alinhados ao fascismo/imperialismo" e a volta imediata dos professores progressistas e "de pensamento livre", que haviam sido expulsos antes da guerra; a retomada do controle dos *campi* e dos dormitórios pelos estudan-tes, então sob o controle militar, a fim de recuperar as liberdades acadêmicas, além da reparação dos prédios das universidades, depredados durante a guerra. O movimento se espraiou pelo país e os estudantes começaram a formar "corpos estudantis autônomos", que pretendiam compreender todos os estudantes de cada universidade japonesa. Durante as décadas de 1950 e 1960 os *Zengakuren* se manifestaram contra o movimento do Expurgo Antivermelho Japonês (a "caça aos comunistas"), a Guerra da Coreia e a invasão do Vietnã, contra políticas libe-rais/neoliberais e imperialistas no Japão, e se tornaram mundialmente conhecidos por utilizar táticas de ação direta semelhantes às do *Black Bloc* (e isso desde a década de 1940) (NT).

BIRÔ POLÍTICO DO PARTIDO COMUNISTA (URSS, KREMLIN, MOSCOU)

TREMAM BUROCRATAS PONTO O PODER INTERNACIONAL DOS CONSELHOS OPERÁRIOS OS LIQUI-
DARÁ EM BREVE PONTO A HUMANIDADE SÓ SERÁ FELIZ NO DIA EM QUE O ÚLTIMO CAPITALISTA
FOR ENFORCADO COM AS TRIPAS DO ÚLTIMO BUROCRATA PONTO VIVA A LUTA DOS MARINHEIROS
DE KRONSTADT[7] E DA MAKHNOVTCHINA[8] CONTRA TROTSKY E LÊNIN PONTO VIVA A INSURREI-
ÇÃO CONSELHISTA DE BUDAPESTE EM 1956 PONTO ABAIXO O ESTADO PONTO VIVA O MARXISMO
REVOLUCIONÁRIO PONTO COMITÊ DE OCUPAÇÃO DA SORBONNE AUTÔNOMA E POPULAR.

BIRÔ POLÍTICO DO PARTIDO COMUNISTA CHINÊS (PORTA DA PAZ CELESTIAL, PEQUIM)

TREMAM BUROCRATAS PONTO O PODER INTERNACIONAL DOS CONSELHOS OPERÁRIOS OS
LIQUIDARÁ EM BREVE PONTO A HUMANIDADE SÓ SERÁ FELIZ NO DIA EM QUE O ÚLTIMO CAPI-
TALISTA FOR ENFORCADO COM AS TRIPAS DO ÚLTIMO BUROCRATA PONTO VIVA AS OCUPAÇÕES
DE FÁBRICAS PONTO VIVA A GRANDE REVOLUÇÃO PROLETÁRIA CHINESA DE 1927 TRAÍDA PELOS
BUROCRATAS STALINISTAS PONTO VIVA OS PROLETÁRIOS DE CANTÃO[9] E TODOS AQUELES QUE
TOMARAM AS ARMAS CONTRA O EXÉRCITO DITO POPULAR PONTO VIVA OS OPERÁRIOS E OS ES-
TUDANTES CHINESES QUE ATACARAM A ASSIM CHAMADA REVOLUÇÃO CULTURAL E A ORDEM
BUROCRÁTICA MAOISTA PONTO VIVA O MARXISMO REVOLUCIONÁRIO PONTO ABAIXO O ESTADO
PONTO COMITÊ DE OCUPAÇÃO DA SORBONNE AUTÔNOMA E POPULAR.

PROFESSOR IVAN SVITAK[10] (PRAGA, TCHECOSLOVÁQUIA)

O COMITÊ DE OCUPAÇÃO DA SORBONNE AUTÔNOMA E POPULAR TRANSMITE AO CAMARADA SVI-
TAK E AOS REVOLUCIONÁRIOS TCHECOSLOVACOS SUAS SAUDAÇÕES FRATERNAS PONTO VIVA O
PODER INTERNACIONAL DOS CONSELHOS OPERÁRIOS PONTO A HUMANIDADE SÓ SERÁ FELIZ NO
DIA EM QUE O ÚLTIMO CAPITALISTA FOR ENFORCADO COM AS TRIPAS DO ÚLTIMO BUROCRATA
PONTO VIVA O MARXISMO REVOLUCIONÁRIO.

---

7   Última grande insurreição contra o governo bolchevique, realizada pelos marinheiros da cidade portuária de
    Kronstadt em 1921. Foi duramente reprimida pelo Exército Vermelho (NT).
8   Em 1919, os grupos de guerrilha ucranianos transformam-se, sob a liderança Nestor Makhno (1889-1934), em um
    verdadeiro exército – o Exército Revolucionário Insurrecional Ucraniano, mais conhecido como a Makhnovtchina
    – que contava com cerca de 50.000 homens. Naquele ano, a Makhnovtchina combateu os exércitos tsaristas junto
    ao Exército Vermelho bolchevique, o qual, todavia, se voltou contra ela em 1920 e a venceu em 1921 (NT).
9   Cidade da República Popular da China. Capital e maior cidade da província de Cantão (NT).
10 Ivan Svitak (1925-1994), filósofo e poeta marxista, crítico da URSS (NT).

RELATÓRIO SOBRE A OCUPAÇÃO DA SORBONNE

A ocupação da Sorbonne, que teve início na segunda-feira, 13 de maio, abriu um novo período da crise da sociedade moderna. Os acontecimentos que se produzem agora na França prefiguram o retorno do movimento revolucionário proletário em todos os países. O que já havia passado da teoria à luta na rua passa agora à luta pelo poder de todos os meios de produção. O capitalismo evoluído acreditava ter acabado com a luta de classes: ela recomeçou! O proletariado não existia mais: eis que ele está aí.

Ao entregar a Sorbonne, o governo esperava pacificar a revolta dos estudantes, que já haviam conseguido controlar durante toda uma noite, com suas barricadas, um bairro de Paris, duramente reconquistado pela polícia. Deixava-se a Sorbonne aos estudantes para que discutissem pacificamente seus problemas universitários. Mas os ocupantes decidiram rapidamente abri-la à população para discutir livremente com ela os problemas gerais da sociedade. Era então o esboço de um *conselho*, em que os próprios estudantes haviam deixado de ser estudantes: eles saíam de sua miséria.

De fato a ocupação nunca foi total: toleravam-se os restos de alguns locais administrativos e uma capela. A democracia nunca foi completa: os futuros tecnocratas do sindicato da UNEF[11] pretendiam ser úteis, outros burocratas políticos queriam também manipular. A participação dos trabalhadores continuou parcial: rapidamente a presença dos não estudantes foi questionada. Muitos estudantes, professores, jornalistas ou imbecis de outras profissões vinham como espectadores.

Apesar de todas essas insuficiências, que não devem espantar, dada a contradição entre a amplitude do projeto e a estreiteza do meio estudantil, o exemplo do que havia de melhor em tal situação adquiriu imediatamente um significado explosivo. Os operários viram nesses atos a livre discussão, a busca de uma crítica radical, a democracia direta, um direito a conquistar. Era, mesmo limitado a uma Sorbonne liberada pelo Estado, o programa da revolução conferindo a si mesmo suas próprias formas. No dia seguinte à ocupação da Sorbonne, os operários da Sud-Aviation de Nantes ocuparam sua fábrica. No terceiro dia, na quinta-feira, 16, as fábricas da Renault de Cléon e Flins estavam ocupadas e o movimento começava

---

11 A União Nacional dos Estudantes da França considera-se e é considerada como um sindicato estudantil (NT).

na NMPP e em Boulogne-Billancourt[12], a partir do atelier 70. No fim da semana, cem fábricas estão ocupadas, enquanto a onda de greves, aceita, porém jamais impulsionada pelos burocratas sindicais, paralisa as estradas de ferro e evolui rumo à greve geral.

O único poder na Sorbonne era a Assembleia Geral de seus ocupantes. Em sua primeira sessão, no dia 14 de maio, ela havia eleito, não sem alguma confusão, um Comitê de Ocupação de 15 membros, revogáveis por ela a cada dia. Apenas um desses delegados[13], pertencente ao grupo Enragés de Nanterre e Paris, havia exposto um programa: defesa da democracia direta na Sorbonne e poder absoluto dos conselhos operários como objetivo final. A Assembleia Geral do dia seguinte renovava em bloco seu Comitê de Ocupação, que nada havia podido fazer até então. Com efeito, todos os organismos técnicos que haviam se instalado na Sorbonne seguiam as diretrizes de um comitê oculto, dito "de coordenação", composto por organizadores voluntários e rigorosamente moderadores, que não prestava contas a ninguém. Uma hora depois da renovação do Comitê de Ocupação, um dos "coordenadores" tentava, individualmente, declará-lo dissolvido. Um chamado direto à base, feito no pátio da Sorbonne, reuniu um movimento de protesto que obrigou o manipulador a se retrair. No dia seguinte, quinta-feira, 16, treze membros do Comitê de Ocupação tinham desaparecido e restavam apenas dois camaradas, entre eles o membro do grupo dos Enragés, incumbidos da única delegação de poder consentida pela Assembleia Geral, enquanto a gravidade da hora impunha decisões imediatas: a democracia era violada a todo momento na Sorbonne, enquanto, no exterior, as ocupações das fábricas se expandiam. O Comitê de Ocupação, procurando reagrupar em seu entorno todos os ocupantes da Sorbonne decididos a manter a democracia ali, lançava às 15h um chamado à "ocupação de todas as fábricas da França e à formação de conselhos operários". Para conseguir a divulgação desse chamado, o Comitê de Ocupação teve, ao mesmo tempo, que restabelecer o funcionamento democrático da Sorbonne. Ele teve que ocupar, ou recriar paralelamente, todos os serviços que estavam em princípio sob sua autoridade: alto-falante central, gráfica, ligação interfaculdades, serviço de ordem. Desprezou a gritaria dos diversos grupos políticos (JCR, Maoistas etc.) lembrando-os de que só devia satisfações à Assembleia Geral. Pretendia prestar contas naquela mesma noite, mas a

---

12 Comuna francesa da região de Île-de-France, a mais povoada depois de Paris. Resulta da união de duas comunas: a comuna residencial de Boulogne-sur-Seine e a comuna operária de Billancourt, reduto histórico das fábricas da Renault (NT).

13 Trata-se de René Riesel, estudante de filosofia na Faculdade de Nanterre, que faria parte do CMDO (em maio-junho de 68) e da IS (até 1970) (NT).

primeira marcha da Renault-Billancourt (de cuja ocupação se havia, entrementes, tomado conhecimento), unanimemente decidida pelos ocupantes da Sorbonne, transferiu a reunião da assembleia para o dia seguinte, às 14h.

De noite, enquanto milhares de camaradas estavam em Billancourt, desconhecidos improvisaram uma Assembleia Geral, que se dispersou quando o Comitê de Ocupação, após tomar conhecimento de sua existência, enviou para lá dois delegados para lembrar-lhe de seu caráter ilegítimo.

Na sexta-feira, dia 17, às 14h, a assembleia regular teve seus bancos amplamente ocupados por um serviço de ordem fictício, pertencente à FER, e teve, além disso, de ser interrompida para a segunda marcha em Billancourt, às 17h.

Na mesma noite, às 21h, o Comitê de Ocupação pôde enfim prestar contas de suas atividades. Ele não conseguiu, de nenhuma maneira, que fosse discutido seu relatório de atividades e nem, sobretudo, seu chamado para a ocupação das fábricas, que a assembleia não assumiu a responsabilidade de rejeitar e, menos ainda, de autorizar. Diante de tal carência, o Comitê de Ocupação não podia senão se retirar. A assembleia se mostrou também incapaz de protestar contra uma nova invasão da tribuna pelas tropas da FER, cujo golpe parecia visar à aliança provisória dos burocratas da JCR e da UNEF. Os partidários da democracia direta contestavam e souberam ali mesmo que não tinham mais nada a fazer na Sorbonne.

No mesmo momento em que o exemplo da ocupação começa a ser seguido nas fábricas, ele entra em colapso na Sorbonne. Isso é tanto mais grave quanto os operários têm contra si uma burocracia infinitamente mais sólida que a dos esquerdistas estudantes e amadores. Além disso, os burocratas esquerdistas, jogando o jogo da CGT, para fazer reconhecer sua pequena existência marginal, separam abstratamente os operários dos estudantes, que "não têm que dar lições a eles". Porém, de fato, os estudantes já ensinaram algo aos operários: justamente ocupando a Sorbonne, fazendo existir, por um curto espaço de tempo, uma discussão realmente democrática. Todos os burocratas nos dizem demagogicamente que a classe operária é o que realmente importa, para esconder que ela está acorrentada, em primeiro lugar, por eles mesmos (no presente ou em suas esperanças, de acordo com a sigla). Eles opõem sua mentira séria à "festa" na Sorbonne, mas é precisamente essa festa que carregava em si a única seriedade: a crítica radical das condições dominantes.

A luta estudantil está agora superada. Mais superadas ainda estão todas as direções burocráticas que creem ser inteligente fingir respeito pelos stalinistas nesse momento em que a CGT e o partido comunista tremem. A saída para a crise atual está nas mãos dos próprios trabalhadores, se conseguirem realizar, na ocupação de suas fábricas, o que a ocupação universitária pôde apenas esboçar.

Os camaradas que apoiaram o primeiro Comitê de Ocupação da Sorbonne – o Comitê *Enragés*-Internacional Situacionista, certo número de trabalhadores e alguns estudantes – constituíram um Conselho pela Manutenção das Ocupações: a manutenção das ocupações não sendo, evidentemente, concebida senão por sua extensão quantitativa e qualitativa, que não deverá poupar nenhum dos regimes existentes.

CONSELHO PELA MANUTENÇÃO DAS OCUPAÇÕES
Paris, 19 de maio de 1968.

PELO PODER DOS CONSELHOS OPERÁRIOS

Em dez dias, não apenas centenas de fábricas foram ocupadas pelos operários e uma greve geral espontânea interrompeu totalmente a atividade do país, como também diferentes prédios pertencentes ao Estado estão ocupados por comitês que se apropriaram de sua gestão. Na presença de tal situação, que não pode em nenhum caso durar, mas que está diante da alternativa de se ampliar ou de desaparecer (repressão ou negociação liquidante), todas as velhas ideias são varridas, todas as hipóteses radicais sobre o retorno do movimento proletário revolucionário são confirmadas. O fato de que todo o movimento tenha *realmente* sido desencadeado, há cinco meses, por uma meia dúzia de revolucionários do grupo dos "Enragés" revela ainda mais claramente o quanto as condições objetivas estavam já presentes. Desde então, o exemplo francês ressoou para além de suas fronteiras e fez ressurgir o internacionalismo, indissociável das revoluções de nosso século.

A luta fundamental hoje é entre, de um lado, a massa dos trabalhadores – que não têm diretamente a palavra – e, de outro lado, os burocratas políticos e sindicais de esquerda que controlam – mesmo que apenas com os 14% de sindicalizados da população economicamente ativa – *as portas das fábricas* e o direito de negociar em nome dos ocupantes. Essas burocracias não são organizações operárias decadentes e traidoras, mas um mecanismo de integração à sociedade capitalista. Na crise atual, elas são a principal proteção do capitalismo abalado.

O gaullismo pode negociar, essencialmente, com a CGT-PC (ainda que indiretamente) a desmobilização dos operários, em troca de benefícios econômicos: seriam reprimidas, então, as correntes radicais. O poder pode passar para a "esquerda", que fará a mesma política, embora de uma posição enfraquecida. Pode-se também tentar a repressão pela força. Por fim, os operários podem assumir as rédeas da situação, falando por si mesmos e tomando consciência de reivindicações que estejam no mesmo nível de radicalismo das formas de luta que eles já puseram em prática. Tal processo conduziria à formação de Conselhos de Trabalhadores, decidindo democraticamente na base, federando-se com delegados revogáveis a qualquer momento e tornando-se o único poder deliberativo e executivo em todo o país.

Como o prolongamento da situação atual pode conter tal perspectiva? Em alguns dias, talvez, a obrigação de recolocar em marcha certos setores da economia *sob o controle operário* pode fornecer as bases desse novo poder, que em tudo leva a superar os sindicatos e os partidos existentes. Será preciso recolocar as estradas de ferro e as gráficas a serviço das necessidades da luta operária. Será preciso que as novas autoridades de fato confisquem e distribuam mantimentos. Será preciso, talvez, que a moeda agonizante seja substituída por outra, comprometida com o futuro dessas novas autoridades. É em tal *processo prático* que pode se impor a consciência de classe que assume o controle da história e que permite a todos os trabalhadores ter o domínio sobre todos os aspectos de sua própria vida.

CONSELHO PELA MANUTENÇÃO DAS OCUPAÇÕES
Paris, 22 de maio de 1968.

DIRIGIDO A TODOS OS TRABALHADORES

Camaradas,

O que já fizemos na França assombra a Europa e em breve ameaçará todas as classes dominantes do mundo, dos burocratas de Moscou e Pequim aos bilionários de Washington e Tóquio. *Assim como fizemos dançar Paris*, o proletariado internacional voltará a atacar as capitais de todos os Estados, todas as cidadelas da alienação. A ocupação das fábricas e edifícios públicos em todo o país não apenas bloqueou o funcionamento da economia, como também, sobretudo, levou a um novo questionamento geral da sociedade. Um movimento profundo levou quase todos os setores da população a querer uma mudança da vida. É, de agora em diante, um movimento revolucionário, ao qual não falta mais do que *a consciência do que já fez* para possuir de fato essa revolução.

Quais forças tentarão salvar o capitalismo? O regime cairá se não procurar se manter através da ameaça de recorrer às armas (acompanhada da hipótese de que eleições só poderiam acontecer após a capitulação do movimento) ou mesmo pela repressão armada imediata. Quanto a um eventual poder de esquerda, este tentará também defender o velho mundo através de concessões e pela força. O partido dito comunista, o partido dos burocratas stalinistas, que combateu o movimento desde o início e que só começou a considerar a queda do gaullismo a partir do momento em que se viu incapaz de ser por mais tempo sua principal proteção, seria, nesse caso, o melhor guardião desse "governo popular". Tal governo de transição só não seria realmente um "kerenskysmo"[14] se os stalinistas fossem derrotados. Isso dependerá essencialmente da consciência e das capacidades de organização autônoma dos operários: os que já repeliram os acordos derrisórios que ultrapassavam as direções sindicais têm que descobrir que não podem "obter" muito mais no quadro da economia existente, mas que eles podem *tudo tomar* transformando todas as bases por sua própria conta. Os patrões não podem pagar mais; mas podem desaparecer.

O movimento atual não se "politizou" indo além das miseráveis reivindicações sindicais sobre os salários e pensões abusivamente representadas como "questões

---

14 Em referência a Alexandre Fiodorovitch Kerensky (1881-1970). Membro do Partido Socialista Revolucionário, ocupou, depois da Revolução de Fevereiro de 1917, diferentes cargos ministeriais até assumir a frente do Governo Provisório. Foi retirado do poder pelos bolcheviques durante a Revolução de Outubro do mesmo ano (NT).

sociais". Ele está para além da *política*: coloca *a questão social* em sua verdade simples. A revolução que se prepara há um século chega agora até nós. Ela não pode se afirmar senão em suas próprias formas. Já é muito tarde para uma recauchutagem burocrático-revolucionária. Quando um André Barjonet[15], desestalinizado recentemente, chama à formação de uma organização comum que reuniria "todas as forças autênticas da revolução [...] que se reivindicam trotskistas, maoístas, anarquistas, situacionistas", nós temos apenas que lembrar que aqueles que se reivindicam de Trotsky ou de Mao nada têm a ver com a revolução presente. Os burocratas podem agora mudar de opinião quanto ao que denominam "autenticamente revolucionário"; a revolução autêntica não vai mudar o julgamento que pronuncia contra a burocracia.

No momento atual, com o poder que possuem e com os partidos e sindicatos que conhecemos, os trabalhadores não têm outras vias senão tomar diretamente em suas mãos a economia e todos os aspectos da reconstrução da vida social através de comitês unitários de base, afirmando sua autonomia face a toda direção político-sindical, assegurando sua autodefesa e se organizando em escala regional e nacional. Seguindo essa via, devem se tornar o único poder real no país, o poder dos *Conselhos de Trabalhadores*. Caso contrário, porque "é revolucionário ou não é nada", o proletariado será novamente um objeto passivo. E voltará para seus sofás e suas televisões.

O que define o poder dos Conselhos? A dissolução de todo poder exterior; a democracia direta e total; a unificação prática da decisão e da execução; o delegado revogável a qualquer momento por seus mandantes; a abolição da hierarquia e das especializações independentes; a gestão e a transformação conscientes de todas as condições da vida libertada; a participação criativa permanente das massas; a extensão e a coordenação internacionalistas. As exigências atuais não são menores. A autogestão não é um detalhe. *Cuidado com os recuperadores* de todas as nuances modernistas – e até com os padres – que começam a falar em autogestão, e mesmo em conselhos operários, sem admitir esse *mínimo*, porque querem salvar suas funções burocráticas, os privilégios de suas especializações intelectuais ou seu futuro como patrõezinhos.

Na verdade, o que é necessário agora já era também desde o início do projeto revolucionário. Tratava-se da autonomia da classe operária. Lutou-se pela abolição do trabalho assalariado, da produção mercantil, do Estado. Tratava-se de acessar a história consciente, de suprimir todas as separações e "tudo o que existe

---

15 Ver nota 121 de *Enragés* e *situacionistas no movimento das ocupações* (NT).

independentemente dos indivíduos". A revolução proletária esboçou espontaneamente suas formas adequadas nos Conselhos, tanto em São Petersburgo, em 1905, como Turim, em 1920, tanto na Catalunha, em 1936, como em Budapeste, em 1956. A manutenção da velha sociedade ou a formação de novas classes exploradoras passou a cada vez pela supressão dos Conselhos. A classe operária conhece agora seus inimigos e os métodos de ação que lhe são próprios. "A organização revolucionária teve que aprender que ela não pode mais *combater a alienação sob formas alienadas*" (*A sociedade do espetáculo*). Os Conselhos Operários são, efetivamente, a única solução, pois todas as outras formas de luta revolucionária levaram ao contrário do que pretendiam.

COMITÊ ENRAGÉS–INTERNACIONAL SITUACIONISTA
CONSELHO PELA MANUTENÇÃO DAS OCUPAÇÕES
30 de maio de 1968.

CHAMADO PUBLICADO EM PARIS, EM FRANCÊS E EM ÁRABE

Nós, trabalhadores magrebinos, conscientes da importância do combate realizado pelos trabalhadores e estudantes franceses, apesar das dificuldades inerentes a nossa condição de imigrantes, apesar das ameaças de expulsão que pesam sobre nós, apesar da superexploração que sofremos e da precariedade de nossa situação, devemos, sem hesitar, apoiar o combate conduzido na França pelos estudantes e trabalhadores.

Nossa participação na greve é nossa única maneira de provar que não somos a mercadoria que poderá ser usada para chantagear o proletariado francês, ela é a prova de que o internacionalismo proletário é nossa palavra de ordem.

A luta que travamos, e que travaremos até o fim, junto ao proletariado da França é nossa. Com efeito, a destruição do Capital monopolista e de seu prolongamento, o imperialismo em nosso país, é nosso objetivo.

Sabemos que o capitalismo é o maior aliado dos ditadores policiais e militares que, sob a bandeira do nacionalismo ou do pseudossocialismo, nos exploram.

O golpe mortal que o proletariado da França desferirá contra o capitalismo e o imperialismo será o primeiro passo em direção à destruição dos ditadores de que somos vítimas em nossos países e de que são vítimas nossos irmãos do terceiro mundo:

– confinados nas favelas;

– reduzidos a salários miseráveis;

– prisioneiros da repressão policial e administrativa;

– sujeitos aos racismos de todos os tipos;

– escravos do patronato;

– emigrantes forçados.

Nós, trabalhadores magrebinos, escolhemos a Revolução.

Saudamos o levante revolucionário que sacode as estruturas esclerosadas do capitalismo para substituí-lo pelo poder direto dos trabalhadores. A vitória do proletariado francês é nossa.

Nosso apoio e nossa solidariedade são um passo em direção à Revolução em nossos países.

Viva a Revolução Socialista! Viva a Autogestão! Abaixo a ditadura policial e reacionária na Tunísia e no Marrocos! Abaixo a ditadura burocrática e militar na Argélia!

COMITÊ DE AÇÃO MAGREBINO

22 de maio

MEDICINA E REPRESSÃO

Não foi um "acidente" que acordou por algum tempo o consumidor despolitizado, um acidente cuja causa seria a brutalidade policial. Assim como a revolta estudantil não se reduz ao fanatismo de "alguns Enragés", a repressão policial também não pode ser reduzida ao sadismo dos policiais e à "idiotice" de seus chefes; e, em um caso como no outro, não se trata de um fato isolado, anomalia momentânea e sem dia seguinte em nossa harmoniosa civilização.

Esta civilização é, ao contrário, o disfarce habitual que assume a repressão permanente para se dissimular e para se perpetuar; pois, habitualmente, essa repressão não tem a aparência reveladora e luminosa de um policial de capacete, mas a dos uniformes menos alarmantes, mais aceitos, por vezes até mesmo desejados, como o jaleco do médico ou a toga do advogado.

Ao invés de derramar lágrimas sobre os feridos, pois as feridas devem ser para nós uma lição da coragem que elas assinalam, mais vale nos interessarmos pelas trapalhadas de ROCHE[16], por exemplo, que nos permitiu viver tão intensamente, que polícia e universidade têm a mesma função: manter e reproduzir a ordem burguesa.

A estrutura sanitária compartilha com ambos, polícia e universidade, e com alguns outros (estrutura judiciária, por exemplo) um papel de cimentação e vedação das fissuras que poderiam aparecer em nosso edifício social. Essa função repressiva e adaptadora da estrutura sanitária que queremos revelar aqui pode ser demonstrada em seus três níveis de organização.

I. A REPARTIÇÃO SOCIOLÓGICA DO TRABALHO SANITÁRIO

O médico acredita ser o patrão quando é apenas o contramestre. As permissões para "tocar" o doente que ele entrega parcimoniosamente aos outros trabalhadores sanitários, como tantos fragmentos de seu "poder", são os elementos de que dispõe para recompensar as boas relações que mantém com seus "subordinados". Os limites dessas permissões são as interdições que o médico emite, tanto quanto os ultimatos, e cuja justificativa debita a um saber de que ele seria o único depositário.

Por que, por exemplo, ultrapassar a fronteira que delimita o poder da enfermeira entre a injeção intramuscular e a injeção intravenal? Porque o médico precisa

---

16 Trocadilho com o nome do então reitor da Universidade de Paris, Jean Roche, e da indústria farmacêutica francesa Roche (NT).

mascarar a ausência de fundamento científico de sua "ARTE", que o faz estabelecer distinções arbitrárias; caso contrário essa ausência de fundamento científico revelaria a natureza ideológica do saber medicinal e sua submissão à ideologia dominante: a ideologia burguesa.

Essa limitação, que põe o médico na impossibilidade de uma crítica radical de seu método e de seu objeto, ou seja, que simplesmente lhe retira a liberdade de pensar, é recompensada pelo sistema ideológico, ao contrário do que se passa com outros trabalhadores sanitários, ligando-o à classe burguesa, dando-lhe a ilusão de deter, sozinho, o poder terapêutico, fazendo dele o guardião dessa ideologia.

II. O CONTEÚDO E A ORGANIZAÇÃO DOS ESTUDOS MÉDICOS

Os estudos médicos não comportam senão um saber fragmentário: estudos do corpo são e do corpo doente, que amputam ao homem duas dimensões essenciais: o homem social e o homem sujeito de desejos (excluído das ciências humanas, meio-excluído da psiquiatria). Estudos que são feitos não sob a forma de um aprendizado crítico, mas da aquisição pela memória de uma pseudociência que só encontra sua matéria recorrendo desordenadamente a conceitos vindos de outras ciências e que perdem, nessa transferência, toda coerência. A importância dada à presença hospitalar e, sobretudo, o modo de integração do estudante é revelador: imediatamente, este endossa o *status* do médico, chamando-o "Doutor" desde o primeiro dia e, dali em diante, ele só poderá tender a essa imagem mítica; toda possibilidade de crítica ou contestação lhe é retirada, assim como a possibilidade de um questionamento de seu modo de relação com seus futuros "subordinados".

A instituição fundamental dos estudos médicos continua, de toda forma, sendo o CONCURSO, cuja função é sincretizar essa aquisição de um pseudossaber e de um status mítico.

III. AS MODALIDADES DE TRATAMENTO DA DOENÇA PELA SOCIEDADE E O LUGAR QUE ELAS CONFEREM AO MÉDICO

Parece que um dos papéis da Faculdade de Medicina é preparar os estudantes para sua tarefa real: a partir de uma concepção biológica, ela forma médicos a serviço da opressão capitalista na medida em que lhes é proibido contestar a enfermidade em suas dimensões socioeconômicas.

A sociedade capitalista, sob a máscara de uma aparente neutralidade (liberalismo, vocação médica, humanismo não combatente...), colocou o médico ao lado das forças da repressão: ele é encarregado de manter a população em condições de trabalho e de consumo (exemplo: medicina do trabalho), ele é encarregado de fazer as pessoas aceitarem uma sociedade que as torna doentes (exemplo: psiquiatra).

Embora a independência do médico seja proclamada (e defendida pela ordem dos médicos... que não diz uma única palavra quando as forças da ordem se opõem à recolha e tratamento dos feridos), essa independência é extremamente reduzida pelo fato de que ele é encarregado não tanto de lutar contra a doença, mas de excluí-la da vida social. Uma verdadeira contestação da doença, implicando uma ampliação considerável da noção de prevenção, se tornaria rapidamente política e revolucionária: pois seria a contestação de uma sociedade inibidora e repressiva.

CENTRO NACIONAL DOS JOVENS MÉDICOS
Rua Pascal, n. 13, Paris.

COMUNICADO DO DIA 7 DE MAIO DE 1968

O CNJV[17] declara-se solidário às lutas travadas na França pelo movimento estudantil por:

– uma livre discussão no seio da Universidade sobre o ensino e a ideologia em que está fundada;

– um questionamento das relações pedagógicas e das finalidades político-econômicas da Universidade.

Ele constata, particularmente, que o ensino médico atual visa a formar médicos cujo papel é o de levar o povo a aceitar uma sociedade que o faz adoecer.

Ele se alegra por ver se constituir, de um país a outro, um movimento de contestação universitária de uma amplitude sem precedentes.

Ele se levanta contra toda a repressão policial dirigida contra os estudantes, instigada pelo poder e com a cumplicidade dos elementos mais reacionários da Universidade.

---

17 Centro Nacional dos Jovens Médicos (NT).

TUDO É POSSÍVEL PARA A FORÇA DA CLASSE OPERÁRIA EM AÇÃO

O movimento de greves e ocupações de fábricas que começou na noite do dia 10 para o dia 11 de maio deve chegar ao cumprimento dos objetivos históricos do proletariado, tornados imediatos, ou então se venderá ao compromisso com o poder capitalista, com o qual o proletariado será outra vez escravo do capital.

Lembrem-se de junho de 1936: "É preciso saber terminar uma greve" (Thorez)[18], e para que o operários aceitassem abandonar as fábricas, foi feita a concessão de 40 horas de trabalho, que levou à exploração sem freio do salário de base, do salário por unidade[19], das bonificações, das cronometragens, das horas suplementares.

A ocupação atual das fábricas deve continuar e se estender a todo o sistema econômico, inclusive aos bancos. Mas essa ocupação deve tomar a forma da "restituição dos meios de produção à sociedade" (K. Marx).

Ora, essa restituição só pode acontecer por meio dos próprios trabalhadores. Não se trata, portanto, de entregar as fábricas e as faculdades ao Capital em troca de algumas concessões, por mais importantes que sejam, mas de mantê-las como PROPRIEDADE COMUNISTA E DE COLOCÁ-LAS EM MARCHA, assim como todo o mecanismo econômico e social, produção, consumo, ensino etc. a serviço do homem, sem exploração.

Aqueles que consideram a possibilidade de um compromisso com o Capital e seu Estado traem a classe operária.

O governo poderia fazer hoje duas concessões importantes: nacionalização das grandes indústrias e cogestão das empresas, aceitando até mesmo que alguns operários supervisionem a exploração do proletariado inteiro; e, ainda melhor, que sejam "democraticamente" eleitos, como são os deputados do Parlamento.

NÃO A ESSA COGESTÃO DAS EMPRESAS. É PRECISO EXIGIR A GESTÃO EXCLUSIVA DE TODA A ECONOMIA E DO PODER PELOS TRABALHADORES.

NÃO ÀS NACIONALIZAÇÕES QUE O PODER ESTARIA PRESTES A CONCEDER SOB A MÁSCARA DE SOCIALISMO. Além do fato de que isso instauraria um capitalismo de Estado, não melhoraria em nada o destino dos trabalhadores (vide o caso da Renault etc.).

---

18 Maurice Thorez (1900-1964), secretário geral do Partido Comunista Francês nos anos 30 (NT).

19 Trabalho remunerado conforme a quantidade de serviço produzido pelo empregado, sem levar em consideração o tempo de trabalho (NT).

A classe operária, unida pelas ideias revolucionárias, e não atrás de capituladores, é forte o bastante para se impor, e isso quase sem violência. Tal tomada de posição revolucionária de todos os operários e estudantes da França tornaria vãs e dissolveria todas as instituições repressivas do Estado capitalista.

É para impedir o desenvolvimento socialista que os sindicatos e seus partidos falam em afastar da classe operária toda ingerência exterior (em alusão à manifestação de solidariedade dos estudantes) e não fazer nada que não seja decidido democraticamente nas assembleias sindicais.

A democracia revolucionária começa pela soberania ABSOLUTA da classe operária, que está acima de todos os partidos, de todos os sindicatos, QUAISQUER QUE ELES SEJAM, sobretudo dos partidos e sindicatos que ousam dizer à classe operária: "fiquem nas fábricas até serem assinadas novas modalidades de exploração (novas convenções coletivas)".

São os mesmos homens que põem em guarda a classe operária contra as ingerências externas. De onde vêm, na verdade, as ingerências externas? A lei proíbe a eleição de delegados não designados pelos sindicatos, privilégio enorme consentido pelo Estado capitalista a seus elementos mobilizados do interior da classe operária. E eis porque a resolução da CGT (*L'Humanité*, 18 de maio) defende a ampliação das liberdades sindicais opostas hoje às liberdades operárias.

OPERÁRIOS! DESIGNEM VOCÊS MESMOS SEUS PRÓPRIOS DELEGADOS, SEUS PRÓPRIOS COMITÊS DE FÁBRICAS (SOVIETES), INDEPENDENTEMENTE DE TODA FILIAÇÃO SINDICAL OU POLÍTICA.

Os que temem a contestação neste momento são os que querem resguardar os privilégios que a lei lhes concede.

A CGT afirma que Ela é a classe operária, assim como De Gaulle afirmava que Ele era a França. Ora, é fato que o Estado gaullista se apoia na CGT e nas outras centrais sindicais, concedendo-lhes até mesmo subvenções, que fazem delas organismos do sistema de exploração e, consequentemente, forças exteriores ao proletariado e, por isso mesmo, seus inimigos.

DA LIVRE DISCUSSÃO NO SEIO DOS ORGANISMOS ELEITOS PELA CLASSE TRABALHADORA EM SEU CONJUNTO DEPENDE O FUTURO DO MOVIMENTO EM CURSO.

ADIANTE RUMO A UMA SOCIEDADE COMUNISTA SEM CAPITAL E SEM SALÁRIO!

GRUPO 10 DE MAIO – REVOLUÇÃO MUNDIAL
Paris, 19 de maio de 1968.

O FUTEBOL PARA OS FUTEBOLISTAS

Nós, jogadores de futebol de diversos clubes da região parisiense, decidimos ocupar hoje a sede da Federação Francesa de Futebol. Como os operários ocupam suas fábricas. Como os estudantes ocupam suas Faculdades.

Por quê?

PARA DEVOLVER AOS JOGADORES FRANCESES E A SEUS MILHÕES DE AMIGOS O QUE LHES PERTENCE: O FUTEBOL EXPROPRIADO PELOS PONTÍFICES DA FEDERAÇÃO PARA SERVIR A SEUS INTERESSES EGOÍSTAS DE APROVEITADORES DO ESPORTE.

Nos termos do artigo I do Estatuto da Federação (Associação sem fins lucrativos, de acordo com a lei), os pontífices da Federação estariam comprometidos em trabalhar pelo "desenvolvimento do futebol". Nós os acusamos de terem trabalhado contra o Futebol e de terem acelerado sua degradação submetendo-o à tutela de um governo naturalmente hostil ao esporte popular em sua essência.

1º. ELES ACEITARAM LIMITAR A OITO MESES A TEMPORADA DE FUTEBOL e proibir sua prática no momento mais favorável do ano, tolerando: o fechamento dos estádios, o não pagamento das passagens coletivas para deslocamentos e das garantias de seguros-acidente durante o período "proibido".

2º. ELES NÃO FIZERAM NADA PARA IMPEDIR A REMOÇÃO DE INÚMEROS CAMPOS DE FUTEBOL e para exigir a criação de novos, o que coloca centenas de milhares de jovens na impossibilidade de praticar seu esporte. Eles também não fizeram nada para permitir que os estudantes pratiquem futebol na escola.

3º. ELES ACABARAM DE CRIAR A LICENÇA B, que, praticamente proibindo a troca de clubes (salvo em proveito dos grandes clubes), constitui uma violação intolerável à liberdade dos jogadores e aos interesses dos pequenos clubes.

4º. NA VOZ DE DUGAUGUEZ[20], ELES INSULTARAM TODOS OS JOGADORES FRANCESES em suas aptidões físicas, técnicas e intelectuais.

5º. ELES VIOLAM A DIGNIDADE HUMANA DOS MELHORES JOGADORES, os profissionais, mantendo o contrato escravagista denunciado por Kopa[21] e cuja ILEGALIDADE foi reconhecida há um ano por Sadoul[22], presidente do Grupo dos dirigentes.

---

20 Louis Dugauguez (1918-1991), jogador de futebol, tornou-se mais tarde treinador. O principal estádio da cidade de Sedan (França) carrega seu nome: Estádio Louis-Dugauguez (NT).

21 Raymond Kopa (1931-2017), jogador de futebol francês, cujo auge da carreira deu-se nos anos 50 e 60 (NT).

22 Jean Sadoul, morto em 1991, presidente da Liga de Futebol Profissional (LFP) francesa de 1967 a 1991. Ocupava o cargo em 1970, quando foi abolida a separação entre jogadores profissionais e amadores. Foi também responsável

6º. ELES CONCENTRAM, SEM VERGONHA, NAS MÃOS DE UMA ÍNFIMA MINORIA, OS LUCROS SUBSTANCIAIS obtidos através de nossas contribuições e de nossas receitas, de que eles cobram porcentagens, quando não se apropriam delas inteiramente. Chiarisoli[23], presidente da Federação, Sadoul, presidente do Grupo, dissimulam salários ilegais com cálculos orçamentários que escapam ao controle dos esportistas. Boulogne[24], chefe da máfia dos treinadores, reserva para seus amigos os cargos mais bem remunerados (1 milhão por mês ou mais). Dugauguez, que afirmava ser diretor em tempo integral da Seleção da França (600 mil francos por mês) conservou seus cargos de diretor comercial das Tapeçarias Sedanesas e treinador de Sedan[25]. E o fino desses fogos de artifício é estourado por Pierre Delaunay, que deve seu cargo de secretário geral da Federação à hereditariedade (como um vulgar Luís XVI), já que foi nomeado a título de filho de seu pai, titular precedente na mesma função!

É para pôr fim a essas práticas inacreditáveis que nós ocupamos a propriedade dos 600 mil jogadores de futebol franceses, que se tornou o bastião dos inimigos e dos exploradores do futebol.

Agora é com vocês, jogadores, treinadores, dirigentes de pequenos clubes, amigos incontáveis e apaixonados pelo futebol, estudantes, operários, lutar pela conservação da propriedade de nosso esporte vindo unir-se a nós para:

EXIGIR A SUSPENSÃO

da limitação arbitrária da temporada de futebol

da licença B

do contrato escravagista dos jogadores profissionais

EXIGIR A DESTITUIÇÃO IMEDIATA

(pela via de um referendo com os 600 mil jogadores de futebol, controlado por eles)

dos aproveitadores do futebol

e dos insultadores de jogadores

LIBERTAR O FUTEBOL DA TUTELA DO DINHEIRO DOS PSEUDOMECENAS INCOMPETENTES que estão na origem do apodrecimento do futebol, exigindo do Estado as SUBVENÇÕES que ele concede a todos os outros esportes e que os pontífices da Federação jamais reivindicaram.

---

pela diversificação das receitas, introduzindo a publicidade nos uniformes e contratos de difusão massiva das partidas de futebol pela televisão (NT).

23 Antoine Chiarisoli, nomeado presidente da Liga de Futebol Profissional em 1961 e substituído por Jean Sadoul em 1967 (NT).

24 Georges Boulogne (1917-1999) começou a carreira como jogador de futebol amador e se tornou, mais tarde, treinador da seleção francesa júnior e diretor-técnico nacional (NT).

25 Cidade francesa situada no departamento de Ardenas, nordeste da França (NT).

Para que o Futebol continue sendo propriedade de vocês, nós os convocamos a IR AGORA para a sede da Federação, que voltou a ser NOSSA CASA, na avenida Iena, n. 60, Paris.

Todos unidos nós faremos de novo do Futebol o que ele jamais deveria ter deixado de ser: o esporte da alegria, o esporte do mundo de amanhã que os trabalhadores começaram a construir.

TODOS À AVENIDA IENA, N. 60!

COMITÊ DE AÇÃO DOS JOGADORES DE FUTEBOL

PANFLETO DO COMITÊ DE AÇÃO DO ANEXO CENSIER[26]

Milhões de trabalhadores estão em greve.

Eles ocupam seus locais de trabalho, da mesma maneira que os estudantes ocuparam suas faculdades.

Não deixemos a ninguém o cuidado de decidir por nós. Para isso, Comitês de Ação se constituem.

O Comitê de Ação é a organização de base de todos os que querem agir, quaisquer que sejam suas antigas filiações políticas ou sindicais, hoje ultrapassadas.

– Somente a espontaneidade do conjunto de trabalhadores permite atingir os resultados mais radicais, que nenhuma capela, nenhuma das velhas organizações, nenhum partido, nenhum novo patrão poderá explorar para obter vantagens pessoais.

– O que é preciso organizar é o poder das classes trabalhadoras. Os Comitês de Ação são o instrumento apropriado para isso no período atual.

– As massas não têm nada a esconder, elas têm o direito de saber de tudo. Só a verdade é revolucionária. Elas devem agir por si mesmas, de tal modo que a menor das reivindicações seja conhecida por todos e considerada tão importante quanto qualquer outra.

Assim, aparecerá a totalidade das reivindicações e, de sua incalculável soma, surgirá a evidência de que o regime capitalista não pode satisfazer realmente a menor delas.

Não se trata de reivindicar mais disso ou daquilo. Trata-se de reivindicar outra coisa.

De sua parte, o Comitê de Ação Censier organiza:

– coletas, para ajudar os grevistas – dinheiro, alimentos etc.;

– atos organizados nas fábricas;

– distribuição de panfletos em inúmeros lugares.

O CA Censier chama à:

– greve dos aluguéis;

– greve dos contratos;

– greve dos impostos.

Ele propõe:

---

26 Ver nota 38 da Apresentação (NT).

– a ocupação dos apartamentos vazios;

– a organização da distribuição gratuita de estoques de supermercados aos grevistas e suas famílias;

– dissolver imediatamente os órgãos de repressão da CRS[27] etc. e desarmar polícia.

O movimento massivo já em curso ultrapassa todas as possibilidades do Estado.

COMITÊ TRABALHADORES-ESTUDANTES

21 de maio.

---

27 Compagnies Républicaines de Sécurité (Companhia Republicana de Segurança), a tropa de choque francesa (NT).

CARTA ABERTA AOS EMPREGADOS DO COMÉRCIO E OUTROS ASSALARIADOS, AOS ESTUDANTES

NÓS, TRABALHADORES DAS LOJAS DA FNAC,

entramos em greve não para a satisfação de nossas reivindicações particulares, mas para participar do movimento que mobiliza 10 milhões de trabalhadores manuais e intelectuais.

Já obtivemos no mês de abril, por um acordo empresarial, benefícios que não foram concedidos em outras empresas e, se apoiamos todas as reivindicações dos trabalhadores e estudantes:

– aumento de salário,

– semana de 40 horas,

– universidade livre,

– aposentadoria etc.,

NÃO PARAMOS POR AQUI!

Nós participamos desse movimento que não é apenas corporativo e reivindicativo, pois 10 milhões de trabalhadores não param suas atividades ao mesmo tempo por 6,30 ou 100 centavos de aumento, mas para questionar toda a direção do país e todas as estruturas da sociedade.

Até aqui uma minoria de proprietários dirige efetivamente o país; os trustes, os monopólios e os bancos decidem toda a nossa vida, desde o berço até o caixão.

Por exemplo, para vender seu petróleo, eles decidiram que passaria ao primeiro plano a indústria automobilística e não a construção de casas ou de cidades humanamente habitáveis.

As escolas, as faculdades e as universidades têm a estrutura, a duração e o programa que eles decidiram para formar técnicos, engenheiros, professores e profissionais que virão docilmente se colocar a seu serviço.

Ninguém nos consultou se a massa enorme de conhecimento e de trabalho necessária para o emprego dos átomos servirá ao bem-estar de todos ou à fabricação da bomba A ou H!

É esse grupo, essa direção, esse poder repressivo, em todos os sentidos do termo, que nós recusamos em sua forma atual e em todas as outras formas passadas.

Os trabalhadores querem substituí-lo por um poder que os represente verdadeira e democraticamente, ou seja, pela instauração da autogestão, tanto no nível das empresas e dos serviços quanto em escala nacional.

Até o presente, ninguém perguntou aos grevistas por que estão em luta nem o que querem.

É preciso que eles possam se expressar – e não cada um em sua empresa.

GRANDES DELEGAÇÕES ELEITAS POR TODOS OS GREVISTAS DE CADA EMPRESA DEVEM SE REUNIR EM ESTADOS GERAIS DOS TRABALHADORES E ESTUDANTES PARA DISCUTIR O FUTURO DO PAÍS.

Ninguém pode apoderar-se do direito de falar em nome dos 10 milhões de grevistas, de proibi-los de discutir com os estudantes, de decidir, ou dar-lhes ordem de retomada do trabalho.

Chega de responsáveis irremovíveis!

Por uma verdadeira democracia operária!

Texto adotado por unanimidade em Assembleia Geral, no dia 24 de maio de 1968.
ENTRAR EM CONTATO COM O COMITÊ DE GREVE DA FNAC
Bulevar de Sébastopol, n. 6, Paris.
TURbigo, 29-49.

ELES NOS FERRAM DE NOVO, TRABALHADORES

I. O que o patronato nos concede através de um aumento de salários, ele nos tomará cedo ou tarde com o aumento do custo de vida.

A negociação com os exploradores é uma ilusão.

Fala-se ainda em liberdade sindical. Renunciaríamos aos tradicionais desfiles entre a Bastilha e a República[28].

A luta aberta contra a classe dominante é a condição de nossa emancipação.

II. Nossos velhos mandarins tentam ferrar os que nos ferram sem nunca chegar lá.

A famosa participação que o poder nos oferece é apenas uma integração a seu sistema de exploração. Estamos nos lixando para ajudá-los a conceder benefícios.

III. Os patinhos obedientes da burguesia presidem o bordel. Os melhores policiais se ergueram entre os velhos mandarins da classe operária.

Idiotas demais para compreenderem a força da greve e da ocupação das fábricas, eles caem em uma armadilha monumental. A partir de agora, não é mais o caso de lhes causar medo, mas de tirá-los do poder.

Eles são bons apenas para negociar a nossa força de trabalho. A base é consciente o bastante para tomar a atividade econômica a fim de satisfazer suas necessidades vitais sob sua própria direção.

Está fora de questão delegar nossos poderes a alguns como se faz comportadamente no parlamento; é, antes, questão de tomarmos todos em nossas mãos o processo de produção em nosso local de trabalho. Essa é a perspectiva do poder operário sobre seu trabalho!

OS CARTEIROS

---

28 Tanto a Bastilha quanto a praça da República foram e ainda são palcos históricos de manifestações e lutas sociais (NT).

FALSAS IDEIAS E FALSOS PROBLEMAS

Onde reside a honra do publicitário?
Em lugar nenhum. Claro, os publicitários estão a serviço da sociedade de consumo. Só que eles confessam. Enquanto os jornalistas, sociólogos, urbanistas... também estão, só que eles não confessam.

Os publicitários fazem a sociedade de consumo.
Não, eles não fazem. Eles são produto dela.

O que os publicitários poderiam fazer em uma sociedade revolucionária?
Qualquer outra coisa. Se ainda há publicitários, é porque ainda vivemos em uma sociedade de consumo (vender algo, objetos, lazeres, como uma promessa absoluta de felicidade). Se ainda há publicitários, é porque a revolução ainda não aconteceu. Há publicitários do outro lado da cortina de ferro? Correm boatos, de fato, de que do outro lado as revoluções ainda não aconteceram.

Os publicitários têm uma tarefa nobre: a informação.
Qualquer jornalista medíocre pode dizer rapidamente que cinco fábricas produzem espaguete de qualidade semelhante a preços sensivelmente iguais.

Os publicitários têm uma tarefa nobre: o marketing.
É necessária, talvez, uma equipe de profissionais bem astuciosos para encontrar o detalhe que fará vender um carro. Se as coisas tomarem uma forma revolucionária, não teremos mais necessidade dos homens do marketing para saber, por exemplo, que as pessoas precisam mais de casas do que de carros.

Os publicitários dispõem de grandes meios de ação.
Erro. Os publicitários são um serviço terciário que não produz nada e que, praticamente, não possui meios de ação. São os anunciantes que, em épocas normais, têm grandes meios de ação. Em caso de ocupação das gráficas, são os operários que os têm.

Os publicitários devem se colocar imediatamente ao trabalho: conceber juntos uma sociedade revolucionária.
Provavelmente, um grande número de publicitários não esperou o dia 30 de maio de 1968 para perceber que existem problemas políticos ou teóricos. Todas essas pessoas chegaram a suas conclusões, que são inevitavelmente diversas. Elas traba-

lham – ou então não trabalham – em grupos.

Quanto aos outros... se decidirem refletir sobre o assunto, que o façam como indivíduos, não como publicitários. A alienação não chegou a esse ponto, certo?

O que pode fazer, atualmente, um comitê de ação dos publicitários?

Unicamente, sem procurar detalhar demais as coisas e se definir como um grupo coerente, reunir todos os meios materiais de impressão possíveis e editar chamados correspondentes ao maior denominador comum a todos os partidos revolucionários em formação.

Proposta: do Movimento 22 de Março indo para a esquerda.

(Texto rejeitado pela plenária de 30 de maio, na Sorbonne, do Comitê de Ação dos Publicitários)

CENTRO DE CONDICIONAMENTO DA INTELIGÊNCIA... ONDE ESTÃO VOCÊS, CAMARADAS?

Em Paris, dilacerando os espartilhos organizacionais do velho mundo, a força revolucionária tomou as ruas: provocações, brigas, barricadas, insurreição de estudantes dentro das viaturas.

Em Bordeaux, vocês vivem apenas no nível do espetáculo "estudantil-parisiense".

A falsa consciência revolucionária se caracteriza por seu nível de alienação sob o sol do espetáculo ideológico (quando a consciência apodrece, a ideologia floresce – e mistifica o dom de sua própria vida entregando-se ao que mais se oferece).

A passividade exemplar desenvolvida conscientemente pelos aparelhos burocráticos desenvolve a contemplação e a autossatisfação em troca de líderes. Ela só consegue realizar pseudoatos através de pseudoacontecimentos, encobertos por pseudodiscussões.

Suas manifestações eram só passeios.

Sua ocupação é só uma pré-ocupação.

Todo ato criador no nível subjetivo, mesmo o mais insignificante, é percebido como perturbador do grande conjunto espetacular que se edifica na Universidade de Pessac.

Cuidem vocês mesmos do que lhes diz respeito.

Não é só esta universidade que está para desaparecer, mas toda a sociedade mercantil.

É com vocês, camaradas...

COMITÊ PELA MANUTENÇÃO DAS OCUPAÇÕES

(Bordeaux)

CANÇÕES

LE VIEUX MONDE ET SES SEQUELLES
NOUS VOULONS LES BALAYER
IL S'AGIT D'ÊTRE CRUEL
MORT AUX FLICS ET AUX CURÉS

ILS NOUS LANCENT COMME GRÊLE
GRENADES ET GAZ CHLORÉS
NOUS NE TROUVONS QUE DES PELLES
ET COUTEAUX POUR NOUS ARMER

MES PAUVRES ENFANTS DIT-ELLE
MES JOLIS BARRICADIERS
MON CŒUR, MON CŒUR EN CHANCELLE
JE N'AI RIEN A VOUS DONNER

SI J'AI FOI DANS MA QUERELLE
JE 'N' CRAINS PAS LES POLICIERS
IL FAUT QU'ELLE DEVIENNE CELLE
DES CAMARADES-OUVRIERS

LE GAULLISME EST UN BORDEL
PERSON'N' EN PEUT PLUS DOUTER
LES BUREAUCRAT'S AUX POUBELLES
SANS EUX ON AURAIT GAGNÉ

RUE GAY-LUSSAC LES REBELLES
N'ONT QU'LES VOITURES Á BRÛLER
QUE VOULIEZ VOUS DONC, LA BELLE
QU'EST-CE DONC QUE VOUS VOULIEZ

CHANSON DU CONSEIL POUR LE MAINTIEN DES OCCUPATIONS

(Détournement fait par Alice Becker-Ho,
de la "Chanson du siège de La Rochelle"
de Jacques Douai. Mai 1968.)

Rue Gay-Lussac, les rebelles
N'ont qu'les voitur's à brûler.
Que vouliez-vous donc, la belle,
Qu'est-ce donc que vous vouliez ?

REFRAIN : Des canons, par centaines.
Des fusils, par milliers.
Des canons, des fusils,
Par centaines et par milliers.

Dites-moi comment s'appelle
Ce jeu-là que vous jouiez ?
La règle en paraît nouvelle :
Quel jeu, quel jeu singulier !

Au refrain

La révolution, la belle,
Est le jeu que vous disiez.
Ell' se joue dans les ruelles,
Ell' se joue grâce aux pavés.

Au refrain

Le vieux monde et ses séquelles,
Nous voulons les balayer.
Il s'agit d'être cruels ;
Mort aux flics et aux curés.

CANÇÃO DO CONSELHO PELA MANUTENÇÃO DAS OCUPAÇÕES

(Desvio feito por Alice Becker-Ho[1] da
"Canção dos soldados de La Rochelle"
de Jacques Douai. Maio de 1968)

Na rua Gay-Lussac, os rebeldes
Tem só os carros pra queimar.
O que é que você queria, minha bela,
O que é que você queria?

REFRÃO: Canhões às centenas
Fuzis aos milhares
Canhões, fuzis
Às centenas e aos milhares.

Me diga como se chama
Esse jogo que estão a jogar?
A regra parece nova:
Que jogo, que jogo singular!

Refrão

A revolução, minha bela,
É o jogo de que você falava.
Ela se faz nas ruas,
Ela se faz com os paralelepípedos.

Refrão

O velho mundo e suas ruínas
Nós queremos varrer.
Temos que ser cruéis;
Morte aos policiais e aos padres.

---

1 Alice Becker-Ho é escritora, poeta e ensaísta. Nasceu em Shangai em 1941, filha de mãe chinesa e pai franco-alemão. Vivendo na França desde 1947, Alice conhece Guy Debord (com quem se casaria, em 1972, e acompanharia até sua morte, em 1994) em 1963, através de amigos em comum, próximos do Socialismo ou Barbárie. Em 1968, participa ativamente do CMDO.

Au refrain

Ils nous lancent comme grêle
Grenades et gaz chlorés.
Nous ne trouvons que des pelles
Et couteaux pour nous armer.

Au refrain

Mes pauvres enfants, dit-elle,
Mes jolis barricadiers,
Mon cœur, mon cœur en chancelle,
Je n'ai rien à vous donner.

Au refrain

Si j'ai foi en ma querelle
Je n'crains pas les policiers.
Mais il faut qu'ell' devienn' celle
Des camarad's ouvriers.

Au refrain

Le gaullisme est un bordel,
Personne n'en peut plus douter.
Les bureaucrat's aux poubelles:
Sans eux on aurait gagné.

Au refrain

Rue Gay-Lussac, les rebelles
N'ont qu'les voitur's à brûler.
Que vouliez-vous donc, la belle,
Qu'est-ce donc que vous vouliez ?

Au refrain

Refrão

Eles lançam contra nós como granizo
Granadas e gás lacrimogêneo.
Nós só temos pás
E facas para nos armar.

Refrão

Minhas pobres crianças, diz ela,
Meus lindos barricadeiros,
Meu coração, meu coração aos tropeços
Não tenho nada pra lhes dar.

Refrão

Se tenho fé em minha luta,
Não temo os policiais.
Mas é preciso que ela seja a mesma
Dos camaradas operários.

Refrão

O gaullismo é um bordel,
Ninguém pode duvidar.
Para o lixo os burocratas:
Sem eles teríamos vencido.

Refrão

Na rua Gay-Lussac, os rebeldes
Tem só os carros pra queimar.
O que é que você queria, minha bela,
O que é que você queria?

Refrão

LA COMMUNE N'EST PAS MORTE

(Détournement fait par les membres
du CMDO de la chanson "Elle n'est pas
morte", d'Eugène Pottier, auteur de
"L'Internationale". Juin 1968)

Aux barricad's de Gay-Lussac,
Les Enragés en tête,
Nous avons déclenché l'attaque :
Ah, foutre-dieu, quelle fête !
On juissait dans les pavés
En voyant le vieux monde flamber.

REFRAIN : Tout ça a prouvé, Carmela,
Qu'la Commune n'est pas morte (bis).

Pour s'éclairer, les combatants
Foutaient l'feu aux bagnoles :
Une allumette, et en avant,
Poésie du prétrole.
Et fallait voir les C.R.S.
Se faire griller les fesses !

Au refrain

Les blousons noirs politisés
Ont saisit la Sorbonne.
Pour contester et pour briser,
La théorie s'réalisant,
On a pillé les commerçants.

Au refrain

A COMUNA NÃO ESTÁ MORTA

(Desvio feito pelos membros do CMDO da
canção "Ela não está morta", de Eugène
Pottier, autor da "Internacional". Junho de
1968)

Nas barricadas da Gay-Lussac,
Com os *Enragés* à frente,
Começamos o ataque:
Ah, caramba, que festa!
Gozávamos nas ruas
Vendo o velho mundo pegar fogo.

REFRÃO: Tudo isso provou, Carmela,
Que a Comuna não morreu (bis).

Para iluminar, os combatentes
Punham fogo nos calhambeques:
Um palito de fósforo e, adiante,
Poesia do petróleo.
E tinha que ver os CRS
Grelhando suas bundas!

Refrão

Os *blousons noirs* politizados
Chegaram à Sorbonne.
Para contestar e para destruir,
A teoria se realizando,
Pilhamos os comerciantes.

Refrão

Ce que tu produits t'appartient,
Y a qu'les patrons qui volent.
Te faire payer au magasin,
C'est se foutr' de ta fiole.
En attendant d's'autogérer
On f'ra la critiqu' du pavé.

Au refrain

Tous les partis, les syndicats,
Et leur bureaucratie,
Oppriment le prolétariat,
Autant que la bourgeoisie.
Contre l'état et ses alliés,
Formons des conseils ouvriers.

Au refrain

Le Conseil pour l'Occupation
Crachait sur les trotskistes,
Les maoïst's et autres cons,
Exploiteurs de grévistes.
A la prochain' ça va saigner
Pour les enn'mis d'la liberté.

Au refrain

Maintenant que les insurgés
Retourn'nt à la survie,
A l'ennui, au travail forcé,
Aux idéologies,
Nous sèmerons pour le plaisir
D'autres fleurs de mai à cueillir.

Final

Tout ça pour prouver, Carmela,
Qu'la Commune n'est pas morte (bis).

O que você produz te pertence,
Não há patrões que não roubam.
Te fazer pagar nas lojas
É se lixar pra você.
Esperando nos autogerir,
Faremos a crítica das ruas.

Refrão

Todos os partidos, os sindicatos
E sua burocracia
Oprimem o proletariado
Tanto quanto a burguesia.
Contra o estado e seus aliados,
Formemos conselhos operários.

Refrão

O Conselho pela Ocupação
Cuspia nos trotskistas,
Nos maoistas e em outros idiotas
Exploradores de grevistas.
Da próxima vez a coisa vai ficar feia
Para os inimigos da liberdade.

Refrão

Agora que os insurgentes
Voltam à sobrevivência,
Ao tédio, ao trabalho forçado,
Às ideologias,
Semearemos por prazer
Outras flores de maio pra colher.

Final

Tudo isso para provar, Carmela,
Que a Comuna não morreu (bis).

IL EST CINQ HEURES, PARIS S'ÉVEILLE

(Détournement fait par Jacques Le Glou de la chanson "Il est cinq heures, Paris s'éveille", de Jacques Lanzman et Jacques Dutronc. 1968.)

Les 403 sont renversées,
La grève sauvage est générale,
Les Ford finissent de brûler,
Les Enragés ouvrent le bal.

REFRAIN
Il est cinq heures,
Paris s'éveille. (bis)

Les blousons noirs sont à l'affût,
Lance-pierres contre lacrymogènes,
Les flics tombent morts au coin des rues,
Nos petites filles deviennent des reines.

Au refrain

La tour Eiffel a chaud aux pieds,
L'Arc de triomphe est renversé,
La place Vendôme n'est que fumée,
Le Panthéon s'est dissipé.

Au refrain

SÃO CINCO DA MANHÃ, PARIS SE LEVANTA

(Desvio da canção "São cinco da manhã, Paris se levanta", de Jacques Lanzman e Jacques Dutronc, feito por Jacques Le Glou. 1968.)

Os 403[2] estão de rodas pro ar,
A greve selvagem é geral,
Os Fords acabam de queimar,
Os *Enragés* abrem o caminho.

REFRÃO
São cinco da manhã,
Paris se levanta (bis)

Os *blousons noirs* estão de tocaia,
Pedradas contra gás lacrimogêneo,
Os policiais caem mortos nas esquinas,
Nossas meninas se tornam rainhas.

Refrão

A Torre Eiffel arde em chamas,
O Arco do Triunfo está de cabeça pra baixo,
A praça Vendôme é só fumaça,
O Panteão se dissipou.

Refrão

---

1 Jacques Le Glou (1940-2010) foi um produtor de cinema francês. Membro da Internacional Anarquista (grupo Louise-Michel) até 1968, simpatizante da crítica situacionista, no mês de maio Le Glou se integra ao CMDO. Em 1974, produziu o disco *Pour en finir avec le travail. Chanson du prolétariat révolutionnaire* (Para acabar com o trabalho. Canções do proletariado revolucionário), no qual estão gravadas, entre outras, esta e a "Canção do CMDO" (também incluída nesta antologia). Em 2005, participou da reedição da filmografia de Debord em DVD.

2 Linha de carros da Peugeot, indústria automobilística francesa.

Les maquisards sont dans les gares,	Os *maquisards*[3] estão nas estações de trem,
À Notre-Dame on tranche le lard,	Em Notre-Dame dividimos o toucinho,
Paris retrouve ses fêtards,	Paris reencontra seus fanfarrões,
Ses flambeurs et ses communards.	Seus incendiários e seus *communards*.

Au refrain	Refrão

Toutes les Centrales sont investies,	Todas as Centrais estão ocupadas,
Les bureaucrates exterminés,	Os burocratas exterminados,
Les flics sont sans merci pendus	Os policiais são enforcados sem piedade
À la tripaille des curés.	Com as tripas dos padres.

Au refrain	Refrão

Le vieux monde va disparaître,	O velho mundo vai desaparecer,
Après Paris, le monde entier.	Depois de Paris, o mundo inteiro.
Les ouvriers, sans dieu, sans maître,	Os operários, sem deus nem mestre,
Autogestionnent la cité.	Autogovernam a cidade.

Il est cinq heures,	São cinco da manhã,
Le nouveau monde s'éveille.	O novo mundo se levanta.
Il est cinq heures	São cinco da manhã
Et nous n'aurons jamais sommeil.	E nunca mais vamos ter sono.

---

3   Como eram denominados os resistentes franceses à ocupação alemã, durante a Segunda Guerra Mundial, que se escondiam em maquis (bosques) nas regiões montanhosas para atacar de surpresa os soldados inimigos. Por extensão, os grupos desses resistentes também passaram a ser chamados de Maquis.

NOS ATELIÊS POPULARES

A BELEZA ESTÁ NAS RUAS!

por Maria Teresa Mhereb

Cartazes políticos, de informação ou propaganda, existem há bastante tempo, e florescem especialmente em momentos de levantes revolucionários. Para as jornadas de maio-junho de 68 na França, eles adquirem uma importância singular: por sua qualidade, seu modo de criação e produção, sua difusão e seu impacto. São, mesmo para os que conhecem pouco sobre esse evento, parte do imaginário sobre a luta travada naqueles dias. Em maio-junho de 68, cartazes são armas para defender o novo mundo que se anuncia dentro das fábricas, universidades e escolas ocupadas e nas barricadas do Quartier Latin.

Mas a produção gráfica daqueles dias é ampla e nada homogênea...

Até aqui, o leitor e leitora pôde conhecer alguns dos quadrinhos e cartazes produzidos pelos membros do Conselho pela Manutenção das Ocupações (CMDO). Seus cartazes são inconfundíveis, com os elementos gráficos reduzidos ao mínimo essencial: as maiúsculas brancas sobre o fundo negro trazem palavras de ordem claras, diretas, que ocupam todo o espaço gráfico: "OCUPAÇÃO DAS FÁBRICAS", "FIM DA SOCIEDADE DE CLASSES", "TODO O PODER AOS CONSELHOS DE TRABALHADORES".

Seus quadrinhos, por sua vez, são a realização prática de um método específico: o método do *desvio* (*détournement*), que, já presente nos *ready-mades* de Marcel Duchamp, ganhou definição como tal e alcance político com os situacionistas[1]. O CMDO *desviava* quadrinhos, veiculados como objetos de consumo de massa, através da subversão dos textos nos balões: os diálogos ordinários entre casais ou colegas, as falas de bandidos ou heróis eram substituídas por diálogos de teor político, teórico ou prático, que incluíam muitas vezes protagonistas de fatos que acabam

---

1   No primeiro número da revista Internationale Situationniste, de junho de 1958, consta uma seção intitulada "Definições", em que o método do desvio é apresentado da seguinte maneira: "Abreviação da expressão: desvio de elementos estéticos pré-fabricados. Integração de produções artísticas, atuais ou passadas, em uma construção superior do ambiente. Neste sentido, não pode haver pintura ou música situacionista, mas um uso situacionista desses recursos. Num primeiro sentido, o desvio no interior das antigas esferas culturais é um método de propaganda, que comprova o desgaste e a perda de importância dessas esferas" (In: JACQUES, Paola Berenstein (org.). *Apologia da deriva: escritos situacionistas sobre a cidade*. Rio de Janeiro: Casa da Palavra, p. 66. Tradução de Estela dos Santos Abreu).

de vir à tona. O resultado é uma nítida incongruência entre imagens e texto que visa à *decomposição* das narrativas promovidas pela sociedade espetacular (para usar o conceito do situacionista Guy Debord).

O CMDO, como diz em uma de suas tirinhas (incluída na primeira seção desta antologia), entendia o *desvio* de quadrinhos como "uma nova concepção da práxis revolucionária", como "forma proletária da expressão gráfica" que "realiza a superação da arte burguesa". Mas o *desvio* não ocorria apenas com relação à apropriação do material gráfico e textual. Ele também se dava no modo de produção do material *desviado*. Produto coletivo, os quadrinhos e cartazes feitos pelo CMDO eram impressos – em tiragens que chegavam a dezenas de milhares – por trabalhadores de gráficas ocupadas que *desviavam* o uso de seu maquinário para fins revolucionários.

Entre a teoria revolucionária e a produção gráfica do CMDO existe, portanto, uma notável coerência.

Já os cartazes apresentados nesta seção – selecionamos *quarenta* dentre centenas que ocuparam os muros das cidades francesas naqueles dias –, se foram tão amplamente difundidos quanto os produzidos pelo CMDO, são também bastante diferentes deles. Eles são, em boa medida, resultado da influência exercida pelos trabalhos dos construtivistas e suprematistas russos, que foram também verdadeiros mestres da arte do cartaz político, após a Revolução de Outubro de 1917: Rodtchenko, Maiakóvski, Malevitch, Lissitzky, Tatlin...

Muitos deles foram produzidos por alunos da Escola de Belas-Artes – cujo panfleto escrito e distribuído em maio, "Para serigrafar cartazes", pode ser lido aqui –, mas não só: também foram elaborados e impressos em diversos outros ateliês populares, que, depois de inaugurado o da Escola de Belas-Artes, se instalaram por toda parte (na Escola de Artes Decorativas, na Escola de Medicina, na Faculdade de Ciências, em faculdades do interior do país...), reunindo estudantes, em sua maioria, mas também trabalhadores. Como os que foram feitos pelo CMDO, eles também são produtos de um trabalho coletivo, e são, por isso mesmo, anônimos ou assinados coletivamente.

Entre as centenas de cartazes produzidos na época pelos ateliês populares, alguns grandes temas são constantes, e estão presentes também entre os que foram selecionados para esta antologia: a repressão policial (personificada pela CRS, a "tropa de choque" francesa), a alienação promovida pelos meios de comunicação, a multidão (às vezes quase sem forma, como uma coletividade irredutível às individualidades; às vezes mostrando rostos, olhos e mãos, como sinal da verdadeira amizade nascida entre os rebeldes), a fábrica (que, em suma, em quase nada mudou), o operário (representando toda a classe trabalhadora) e a união trabalhadores-estudantes. Junto à produção gráfica do CMDO, esses cartazes constituem um retrato do intenso cotidiano daqueles dias.

Em sua maioria, os cartazes desta seção resultam de uma técnica milenar, a serigrafia[2] (também conhecida como *silk-screen*), método preferido dos construtivistas russos para imprimir suas obras. Não é por acaso que ela se prestou tão bem à tática de propaganda antes e durante maio-junho de 68. Relativamente simples (sobretudo se comparada a outras formas de impressão artesanais), a técnica serigráfica parte do seguinte princípio: tem-se um quadro de madeira ou alumínio (chassi) com um tecido esticado (que já foi tradicionalmente a seda, mas que pode ser o nylon ou o poliéster), em que foi gravado um desenho; a tinta serigráfica passa pelos poros abertos desse tecido (quer dizer, por toda a área que não corresponde ao desenho) e – como um estêncil – o desenho é impresso na superfície escolhida. Gastando pouco com material e sem necessitar de maquinário (embora possa ser executada industrialmente também), a serigrafia permite fazer impressões rapidamente, sobre vários tipos de materiais (tecido, papel, madeira), em qualquer dimensão e formato, com variedade de cores e qualidade de traços.

Com o desenvolvimento da técnica serigráfica nos últimos cinquenta anos, que envolve o maior acesso ao procedimento fotográfico de gravação do desenho na tela, o processo descrito pelo panfleto "Para serigrafar cartazes" tornou-se um tanto ultrapassado em relação à facilidade de sua execução. Mas esse mesmo desenvolvimento técnico em nada alterou esta característica fundamental: a serigrafia permanece sendo um método de impressão de baixo custo, fácil aplicação e alta qualidade de impressão – profundamente adequada para *tempos de revolução*.

Em 68, os cartazes políticos serigrafados, elaborados e impressos coletivamente, são também fruto de um *desvio*: os mesmos meios de produção construíram uma linguagem para outro modo e para outras relações de produção.

---

2   Uma parcela relativamente pequena deles foi feita com as técnicas da litografia e do *offset*. A litografia, a que os construtivistas russos também recorreram com frequência, consiste na impressão (em papel, madeira, metal ou outros materiais) de uma imagem desenhada sobre uma base, conhecida como "pedra litográfica". Depois de gravado o desenho na pedra utilizando materiais gordurosos (lápis, bastão, pasta etc.), ela é tratada com soluções químicas e água, que fixam as áreas oleosas do desenho sobre sua superfície. A impressão da imagem é obtida por meio de uma prensa litográfica que desliza sobre o papel. Como a serigrafia, a litografia pode ser executada de modo artesanal, sem auxílio de maquinário, porém exige maior conhecimento técnico (para gravar o desenho na pedra). A velocidade com que se imprime com a técnica litográfica também é menor do que com a serigráfica. Maior simplicidade técnica e maior velocidade de impressão explicam a preponderância do uso da serigrafia sobre o da litografia na produção desses cartazes. Já a impressão *offset* é a mais utilizada no segmento gráfico por favorecer a impressão de grandes tiragens. O texto ou desenho é gravado em uma matriz (feita de metal e sensível à luz), que depois é acoplada à máquina de impressão. O papel corre pela máquina sem precisar de intervenção humana, salvo para alguns ajustes durante o processo. A técnica do *offset* foi pouco utilizada nos ateliês populares sobretudo porque não se dispunha neles do maquinário necessário.

Quer se trate dos cartazes e quadrinhos produzidos pelo CMDO ou das serigrafias dos ateliês populares, a produção gráfica que invadiu o cotidiano revolucionário francês de maio-junho de 1968 é avessa à estratégia subliminar dos anúncios publicitários capitalistas: em 68, os cartazes e quadrinhos revolucionários *dizem exatamente o que querem dizer*: entram, diretamente e sem anestésicos, no *consciente coletivo*.

Aliás, caro leitor e cara leitora, como diz um deles

(e não importa a sua idade)

SEJA JOVEM E (NUNCA) SE CALE!

PROCEDE DE SERIGRAPHIE POUR LES AFFICHES

— 1 — chassis bois + soie pour sérigraphie (nylon spécial)
par mesure d'économie, on tend le nylon soi-même.

— 2 — soit à écrire le texte   UNITE
Il faut écrire le texte à la grandeur désirée sur une feuille de
papier. Par transparence, il faut reprendre le même dessin sur la
soie avec un crayon tendre (ex. 3H)

— 3 — il faut remplir les lettres avec du "Drawing Gum"
(liquide qui devient une pellicule plastique en séchant)
bien laisser sécher.

— 4 — étendre à l'aide d'une raclette un "vernis de remplissage" - une fine pellicule sur toute la surface du chassis.
Bien laisser sécher.

— 5 — à l'aide d'une gomme "crêpe" ou d'un simple bouchon
de liège, frotter les parties où l'on avait passer du "Drawing
Gum" - le plastique se met en boule et s'enlève.
Il reste donc deux parties sur le chassis :
                              -le fond dont la trame est
obstruée par le vernis
                              -le texte dont la trame a été
libérée en enlevant la pellicule de plastique
Le chassis est terminé.
Il reste à mettre tout autour du chassis, à cheval, une bande de
papier collant -du "tésa" (5 cm) pour éviter que l'encre ne
coule partout par les fissures.

— 6 — on peut tirer
Il faut diluer l'encre de sérigraphie avec du "White Spirit" ou du
pétrole spécial mais jamais avec de l'acétone qui dissout le
vernis de la soie.
Il faut obtenir une matière fluide pour un séchage rapide.
Quand le tirage est terminé définitivement on peut réutiliser le
chassis pour un autre dessin après l'avoir lavé très soigneuse-
ment avec de l'acétone.
Si l'on arrête le tirage même pour une demi-heure, il faut net-
toyer le chassis avec du White Spirit pour que l'encre ne bouche
pas la trame du nylon.

MATERIEL :
- chassis bois
- soie ou nylon spécial
- Drawing Gum
- vernis de remplissage
- raclette
- gomme
- tésa
- encres de sérigraphie en vente chez Tripette et Renaud
- White Spirit
- acétone

PARA SERIGRAFAR CARTAZES

1 – chassi de madeira + seda serigráfica (trama de nylon especial) para economizar, arrisca-se telas de nylon comuns.

2 – por exemplo, uma ideia de palavra para gravar: UNIDADE
Escreva o texto do tamanho que desejar numa folha de papel. Com uma folha transparente (acetato), decalque o desenho diretamente sobre a seda com um crayon mole (ex. 3H)

3 – preencha as letras com "Drawing Gum" (líquido que ao secar forma uma película plástica). Deixe secar bem.

4 – para reforçar, aplique com rolinho um verniz de preenchimento – uma fina película sobre toda a área do chassi. Deixe secar bem.

5 – com a ajuda de uma borracha "tira-cola" ou de uma rolha qualquer de cortiça, esfregue as partes onde o "Drawing Gum" transbordou – o plástico forma bolhas e se descola.

Restam duas considerações sobre o chassi:
– o fundo não gravado na trama é obstruído pelo verniz
– o texto gravado na trama aparece ao descolar a película plástica
O chassi está pronto.
É praxe colar ao redor do chassi uma fita adesiva – "fita crepe" (5 cm) – para evitar que a tinta escorra pelos vãos.

6 – para produzir uma tiragem
Dilua a tinta serigráfica com aguarrás ou outro tipo de solvente à base de petróleo, mas nunca com acetona, porque dissolve o verniz da tela. Será obtida uma matéria diluída para secagem rápida. Quando a impressão terminar definitivamente, é possível reutilizar o chassi para outro desenho, mas isso depois de lavá-lo meticulosamente com acetona. Se o processo de impressão for interrompido, mesmo que por meia hora, limpe o chassi com aguarrás para que a tinta não entupa as tramas do nylon.

MATERIAL:
 – chassi de madeira
 – tela serigráfica ou nylon especial
 – Drawing Gum
 – verniz de preenchimento
 – rolinho
 – borracha
 – fita adesiva
 – tintas serigráficas vendidas em lojas especializadas
 – aguarrás
 – acetona

Panfleto distribuído na Escola de Belas-Artes em maio de 68

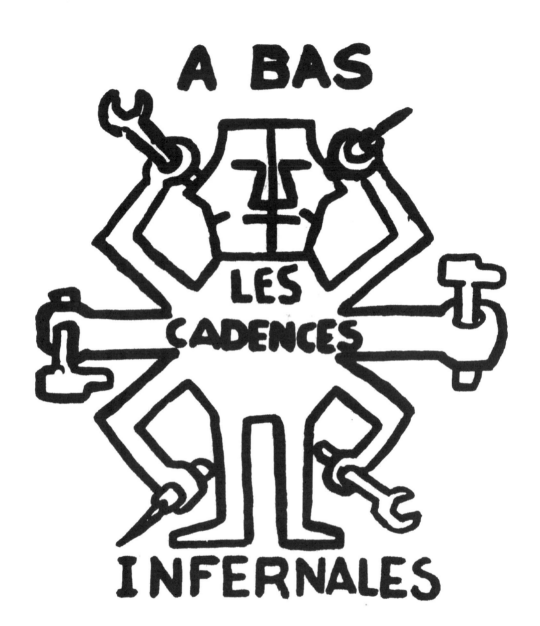

CONTRE LA REPRESSION

SERRONS LES RANGS

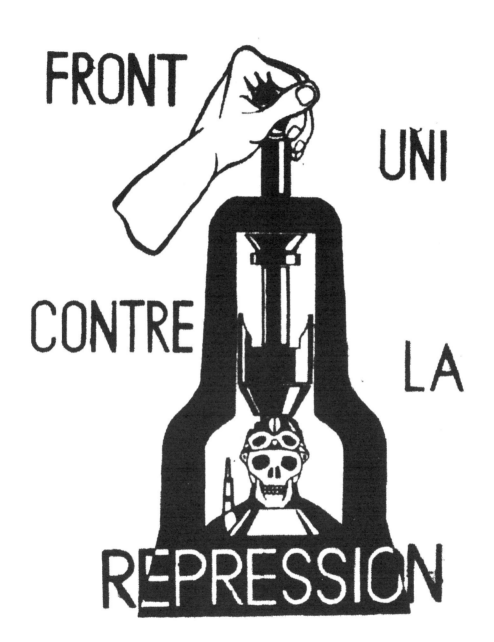

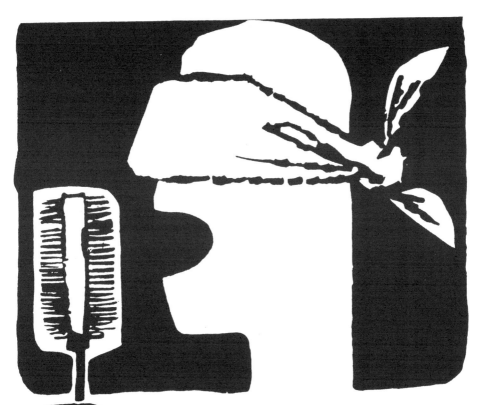

je participe
tu participes
il participe
nous participons
vous participez
ils profitent

L'ORDRE

RÈGNE

NON
A LA BUREAUCRATIE

ON VOUS INTOXIQUE!

PAYSANS

TRAVAILLEURS

ÉTUDIANTS

SOLIDAIRES

MOINS DE 21 ANS
voici votre bulletin de
VOTE

TRAVAILLEURS
ACTIFS ET CHOMEURS
TOUS UNIS

A beleza está nas ruas
Preto sobre fundo branco.
70×50. Serigrafia.

Denunciemos a psiquiatria policial
Preto sobre fundo branco.
53×31. Serigrafia.

Abaixo as cadências infernais
Degradé verde-amarelo.
75×60. Serigrafia.

Atenção. A rádio mente
Preto sobre fundo amarelo mostarda.
64×46. Serigrafia.

Contra a repressão. Seremos o fronte
Vermelho sobre fundo branco.
Serigrafia.

Contra a exploração capitalista. Nossa luta continua. Comitê de Ação Estudantes-Trabalhadores. Ateliê popular de Marselha
Preto sobre fundo branco. Serigrafia.

Libertem os livros. Biblioteca Nacional
Preto sobre fundo branco.
40×35. Serigrafia.

Frente única contra a repressão
Preto sobre fundo branco.

Abaixo a repressão
Preto sobre fundo branco.

Informação livre
Azul sobre fundo branco.
65×50. Serigrafia.

Eu participo. Tu participas. Ele participa. Nós participamos. Vós participais. Eles lucram
Azul escuro sobre fundo branco.
48×37. Offset.

A luta continua
Preto sobre fundo branco.
44×28. Litografia.

A arte a serviço do povo
Preto sobre fundo branco.
48×37. Litografia.

O regime prensa. A imprensa cúmplice
Preto sobre fundo branco.
85×25. Serigrafia.

A polícia vos fala toda noite às 20h
Preto sobre fundo branco.
100×65. Serigrafia.
Existe em formato menor.

Reina a ordem
Preto sobre fundo branco.
63×49,5. Offset.
Existe também em serigrafia preta.

Foi dada a largada
pra uma luta prolongada
Preto sobre fundo amarelo.
80×60. Serigrafia.

Poder popular
Preto sobre fundo branco. Litografia.

Não se deixe explorar
Preto sobre fundo branco. Serigrafia.

Não à burocracia
Preto sobre fundo branco.
60×50. Serigrafia.

A base continua o combate
Verde sobre fundo branco.
62×52. Serigrafia.

A polícia cola nas Belas-Artes
As Belas-Artes colam na rua
Ateliê popular
Vermelho sobre fundo branco.
80×60. Serigrafia.

Nós somos o poder
Marrom, vermelho sobre fundo
branco. 73×58. Serigrafia.

A luta continua
Preto sobre fundo branco.
44×28. Litografia.

Eles te intoxicam!
Rádio. Televisão. Ovelha
Preto sobre fundo branco.
86×73. Serigrafia. Cruz de Lorena
(na testa) fluorescente.

Renault – Flins
Preto sobre fundo branco.
69×52. Serigrafia.

Revolução cultural contra uma
sociedade de robôs
Verde, vermelho e preto sobre fundo
branco. 108×95. Estêncil.

Seja jovem e cale-se
Preto, marrom sobre fundo branco.
120×120. Serigrafia.

Camponeses, trabalhadores,
estudantes. Solidários
Preto sobre fundo branco.
45×32. Serigrafia.

Apoio às fábricas ocupadas
para a vitória do povo
Azul escuro sobre fundo branco.
76×48,5. Serigrafia.

Preto sobre fundo branco.
120×76. Papel jornal. Serigrafia

Preto sobre fundo branco.
120×76. Serigrafia.

Trabalhadores ativos e desempregados unidos
Roxo sobre fundo branco.
45×56. Serigafia.

Viva a ocupação das fábricas
Roxo sobre fundo branco.
65×48. Serigrafia.

Volta à normalidade...
Verde.
63×50. Litografia.

Trabalhadores, estudantes
É com todos vocês

Liberdade. Os que não acreditam na repressão são os mesmo que em 1939 não acreditavam no fascismo.
Vermelho sobre fundo branco.
Serigrafia.

Menores de 21 anos
Esta é sua cédula de voto
Preto sobre fundo branco.
14×51. Serigrafia.

Reformas. Cloroforme.
Preto sobre fundo branco.
50×40. Serigrafia.

Universidade popular
Sim
Preto, vermelho sobre fundo branco.
150×85. Estêncil.

CRONOLOGIA

PREMISSAS

1966

26 DE AGOSTO O sociólogo Abraham Moles assume uma cátedra de psicossociologia na universidade de Strasbourg. Logo nos primeiros minutos de sua aula inaugural, ele é expulso por uma chuva de tomates atirados por uma dúzia de estudantes. Enquanto isso, a Associação Federativa Geral dos Estudantes de Strasbourg (AFGES) espalha pelos murais da universidade uma história em quadrinhos de inspiração situacionista, assinada por André Bertrand, intitulada *O retorno da Coluna Durruti*, onde se lê: "A crise geral dos velhos aparelhos sindicais, das burocracias de esquerda, fazia-se sentir em todo lugar e principalmente junto aos estudantes, entre os quais o ativismo já não possuía, há muito, nenhum outro impulso a não ser o da mais sórdida devoção às velhas ideologias e à menos realista das ambições". Ao mesmo tempo, os situacionistas publicavam, com os recursos da anti-chapa eleita para a direção da AFGES, uma brochura (redigida pelo situacionista tunisiano Mustapha Khayati) que se tornaria um dos textos mais traduzidos e influentes da Internacional Situacionista (IS), *A miséria do meio estudantil – considerada em seus aspectos econômico, político, psicológico, sexual e, mais particularmente, intelectual, e sobre alguns meios para remedia-la.*

26 DE NOVEMBRO O jornal *Aurore*, de Strasbourg, escreve que "a Internacional Situacionista é uma organização que conta com alguns aderentes nas principais capitais da Europa. Esses anarquistas se arvoram em revolucionários e querem 'tomar o poder'. Tomá-lo não para o conservar e sim para semear a desordem e destruir até mesmo a própria autoridade deles". O escândalo de Strasbourg repercute também na Itália. Em Turim, o jornal *Gazetta del Popolo* alardeia: "Em Paris e outras cidades universitárias francesas, a Internacional Situacionista, eletrizada pelo triunfo alcançado por seus partidários em Strasbourg, prepara-se para desencadear uma ofensiva em grande estilo".

1967

4 DE JANEIRO O singular secretariado da AFGES vai a Paris participar da Assembleia Geral da União Nacional dos Estudantes da França com o objetivo de aprovar uma moção de dissolução de toda a UNEF. Essa moção – aprovada pela Associação de Nantes – terminava com uma convocação a "todos os estudantes revolucionários do mundo [...] para se prepararem, juntamente com todos os explorados, para uma luta impiedosa contra todos os aspectos do velho mundo, com vistas a contribuir com o advento do poder internacional dos conselhos operários".

25 DE FEVEREIRO A Confederação Francesa do Trabalho (CFDT) convoca os operários da Rhodiaceta (fábrica têxtil) da cidade de Besançon para uma greve por tempo indeterminado e com ocupação do local de trabalho. É a primeira mobilização dessa natureza no meio operário francês desde a greve geral de 1936. Numerosos estudantes se dirigem aos portões da fábrica para dialogar com os grevistas, em especial a Juventude Comunista Revolucionária (JCR), organização trotskista atuante no meio estudantil. Os cineastas Chris Marker e Jean-Luc Godard vão à fábrica ocupada para realizar filmes com os grevistas.

21 DE MARÇO Na Cidade Universitária de Nanterre, estudantes do sexo masculino ocupam os prédios de moradia destinados às estudantes (até então, apenas mulheres podiam visitar os pavilhões masculinos. O contrário era proibido).

22 DE MARÇO Após negociações em Paris, os dirigentes da Confederação Geral do Trabalho (CGT) propõem aos grevistas da Rhodiaceta a retomada do trabalho (diante da proposta de aumento salarial de 3,8%), enquanto os dirigentes da CFDT criticam no acordo a falta de garantias a respeito da melhoria nas condições de trabalho.

24 DE MARÇO Insatisfeitos com os acordos pactuados entre as centrais sindicais e o patronato, alguns grevistas erguem, pela manhã, uma barricada em frente ao portão da fábrica, impedindo a entrada de outros operários. Após intervenções da polícia, os grevistas improvisam uma Assembleia na qual decidem, por uma pequena maioria de votos, pelo fim da greve.

17 DE OUTUBRO A volta às aulas de 11 mil estudantes à Faculdade de Direito de Paris é adiada por falta de infraestrutura.

18 DE OUTUBRO Os carteiros de Paris entram em greve.

24 DE OUTUBRO Greve dos estudantes do Instituto Católico em Paris contra a reforma educacional em curso.

7 DE NOVEMBRO Jornada de mobilização reunindo mais de 400 estudantes em Nanterre, para protestar contra as condições do retorno às aulas e contra "todas as medidas de eliminação dos estudantes"[1].

9 DE NOVEMBRO Manifestação estudantil em Paris convocada pela UNEF e os sindicatos dos professores reúne cerca de 5 mil pessoas. Em Nanterre, as aulas são interrompidas para que os estudantes possam participar da manifestação em Paris.

---

1   O movimento estudantil de Nanterre se refere às medidas contidas na proposta governamental de reforma do Ensino Superior francês, conhecida como Plano Fouchet. A esse respeito, ver a nota 29 do texto *Enragés e situacionistas no movimento das ocupações*.

14 DE NOVEMBRO Publicação de *A sociedade do espetáculo*, do situacionista francês Guy Debord, pela Buchet/Chastel. O livro diagnostica, em seu quarto capítulo, os sinais de um retorno da práxis revolucionária em nível internacional.

17 DE NOVEMBRO Ocupação dos anfiteatros pelos estudantes de sociologia, para impedir que as aulas aconteçam. Professores e estudantes do departamento de sociologia decidem pela greve que, nos dias seguintes, se estende a todos os departamentos de Nanterre.

25 DE NOVEMBRO Assembleia extraordinária em Nanterre. Manifestação reúne mil estudantes. Grappin recebe os grevistas. Proposta de extensão a todos os departamentos dos comitês estudantes-professores que já existem na sociologia e filosofia. Um deputado do PCF (Barbet) que havia ido ao campus para apoiar os estudantes é expulso por alas extremistas do movimento.

27 DE NOVEMBRO Fim da greve iniciada dez dias antes pelos estudantes de sociologia.

2 DE DEZEMBRO Assembleia Geral de professores em Nanterre.

8 DE DEZEMBRO Publicação de *A arte de viver para as novas gerações*, do situacionista belga Raoul Vaneigem, pela Coleção Blanche, da Gallimard. O livro serviu como fonte de inspiração para diversos *slogans* que seriam pichados pelas paredes de Paris em maio de 68. Juntamente ao livro de Debord, exerceu uma influência importante sobre o movimento estudantil de coloração libertária nascido em Nanterre no biênio 1967-68.

11-16 DE DEZEMBRO Semana de ação organizada pela UNEF em toda a França, à qual se associa o SNESup.

12-13 DE DEZEMBRO Greve nacional de estudantes; greve convocada pela CFDT e CGT contra o Orçamento aprovado para a Seguridade Social.

1968

JANEIRO Início da agitação secundarista nos colégios. As aulas do curso de direito deixam as instalações "superpopulosas" da faculdade de letras para se instalar no novo imóvel previsto para utilização do instituto de estudos políticos de Paris que deveria se transferir para Nanterre.

8 DE JANEIRO Inauguração da piscina universitária pelo ministro da juventude e dos esportes, François Missoffe, que é interpelado ironicamente por Cohn-Bendit sobre o seu *Livre blanc sur la jeunesse*[2], por não abordar a questão da sexualidade, tão importante para os jovens.

---

2 "Livro branco sobre a juventude".

26 DE JANEIRO Em Nanterre, uma manifestação espontânea provocada por estudantes de sociologia de inspiração anarquista e libertária acaba se transformando em um motim, após intervenção da polícia no campus.

27 DE JANEIRO Conselho universitário e assembleia da faculdade de Nanterre condenam os atos de violência e as campanhas difamatórias contra Grappin (antigo Resistente, o diretor da faculdade vinha sendo chamado de "nazi" pelos estudantes). Professores lançam um apelo à comunidade estudantil para evitar que incidentes semelhantes voltem a acontecer.

1° DE FEVEREIRO Cohn-Bendit comparece a uma comissão especial da Prefeitura de Polícia de Paris. Após uma carta enviada ao ministro se explicando, o mesmo desiste de mover um processo contra o estudante de sociologia de Nanterre.

2 DE FEVEREIRO Manifestação do Comitê Vietnã Nacional[3].

6 DE FEVEREIRO A UNEF convoca uma manifestação contra as medidas repressivas da administração da faculdade de Nanterre (principalmente com relação à presença de policiais à paisana na faculdade).

7 DE FEVEREIRO Manifestação dos Comitês Vietnã de Base[4].

11 DE FEVEREIRO Manifestação comum dos operários da fábrica de aviões da Dassault e de estudantes, em Bordeaux.

13 DE FEVEREIRO Manifestação em Paris de solidariedade ao Vietnã.

14 DE FEVEREIRO Jornada nacional de protestos contra os regimes vigentes nas cidades universitárias. Em Nantes, centenas de universitários invadem e devastam os escritórios da diretoria da faculdade. Na faculdade de Nanterre, cerca de cinquenta estudantes do sexo masculino voltam a ocupar os prédios de moradia destinados às estudantes. O diretor da faculdade, Pierre Grappin, convoca prontamente as forças policiais para desocupar os prédios tomados pelos estudantes, fato que chocou as camadas médias da sociedade francesa para além da própria comunidade acadêmica, dado que a polícia estava proibida, desde a Idade Média, de intervir no perímetro universitário. Mesmo cercados pela polícia, cerca de vinte e cinco estudantes mantiveram a ocupação por uma semana.

19-21 DE FEVEREIRO Jornadas de apoio ao povo vietnamita organizadas pela UNEF, o SNESup, a JCR, os CVB e CVN.

21 DE FEVEREIRO Os diretores das faculdades de ciências se pronunciam em favor de uma "seleção" para o ingresso nas universidades francesas.

---

3   O Comitê Vietnã Nacional (CVN) foi formado em 29 de novembro de 1966, pela iniciativa de intelectuais de esquerda como Jean-Paul Sartre e Pierre Vidal-Naquet. No meio estudantil, era controlada pelos trotskistas da JCR.

4   Os Comitês Vietnã de Base (CVB) também foram formados na França no fim de 1966. Seus quadros emanavam diretamente da organização maoísta UJC(ml).

26 DE FEVEREIRO Greve de professores e estudantes na Zona A contra as medidas de orientação seletiva.

17-20 DE MARÇO Bombas caseiras explodem nas sedes de empresas americanas em Paris; no dia 20, as vitrines da sede da American Express são quebradas, *slogans* antiamericanos são pichados nos muros.

22 DE MARÇO Após a prisão de militantes que haviam se manifestado contra a guerra do Vietnã na sede da American Express (entre eles, o estudante trotskista Xavier Langlade, de Nanterre), é organizada uma manifestação de protesto, em que se decide pela ocupação do prédio administrativo da faculdade por 142 estudantes. Os estudantes reunidos na sala do Conselho debatem até duas horas da madrugada vários problemas políticos e redigem o "Manifesto dos 142". Nasce o movimento *22 de Março* (22-M).

26 DE MARÇO O Conselho universitário e a assembleia da faculdade condenam vigorosamente os autores do "Manifesto dos 142", enquanto articulam "uma campanha de informação para conquistar os estudantes sérios".

27 DE MARÇO Comunicado assinado por representantes dos cursos de letras (francês, inglês, espanhol e italiano) de Nanterre, convocando a comunidade estudantil a se reunir no dia 29 de março para "se chegar a um diálogo frutuoso em condições democráticas, sem que um grupo de 'contestadores' imponha suas visões sobre o uso da violência".

28 DE MARÇO Em face das tensões no campus de Nanterre, assembleias realizadas por professores e funcionários decidem pelo fechamento da faculdade às 19h, com suspensão das aulas até 1º de abril. Em declarações à imprensa, Grappin responsabiliza a baderna gerada pela ação consciente do grupo de estudantes *Enragés*.

29 DE MARÇO Ocupação de um anfiteatro na Sorbonne. Em Nanterre, um dispositivo de segurança é instalado no entorno da faculdade. 500 estudantes organizam uma jornada de protestos e debates.

30 DE MARÇO O Conselho da faculdade de Nanterre reconhece e regulamenta as atividades políticas no *campus*; contudo, inicia um processo de perseguições jurídico-administrativas contra alguns "estudantes", entre eles três *Enragés*: Patrick Cheval, Gérard Bigorgne e René Riesel[5].

---

5   Segundo o relato de Riesel, em entrevista a Béatrice Vallaeys para o jornal *Libération* (de 06 de maio de 1998): "É em fevereiro que, em homenagem aos mais radicais dos *sans-culottes*, denominei de *Enragés* o grupo que se formava em torno de Gérard (Bigorgne), Patrick Cheval e eu. A palavra fez sucesso na imprensa, mas para designar o *22 de Março* e seu ecumenismo de esquerda. A gente ria daquilo. Compreendemos como funcionava a recuperação. A mentira e a manipulação virão apenas mais tarde: quando, constrangidos a admitir que as práticas dos *Enragés* foram determinantes na emergência do estilo de maio, alguns tentaram fazer deles membros um pouco baderneiros (*voyous*) e extremistas da família 'esquerdista'. Extremistas nós somos: rompemos com

1º DE ABRIL Pela manhã, reabertura da faculdade de Nanterre. Estudantes do 2º ano de sociologia decidem boicotar seus exames parciais.

2 DE ABRIL Jornada da Universidade Crítica em Nanterre. Pela primeira vez os estudantes podem se mobilizar "legalmente" no *campus*. O 22-M organiza uma Assembleia Geral da qual participam cerca de 1.500 pessoas. Paralelamente, um grupo de estudantes ditos "apolíticos" da FNEF realizam uma "contramanifestação", protestando contra os "turbilhões" que lhes impedem de estudar.

4 DE ABRIL Um conselho interministerial decide preparar as medidas de seleção para o ingresso nas faculdades francesas.

22 DE ABRIL O Conselho universitário de Nanterre adota medidas para a manutenção da ordem no *campus*. Enquanto isso, grande parte dos estudantes de teologia de Montpellier entra em greve para contestar as estruturas da igreja.

25 DE ABRIL O deputado comunista Pierre Juquin é expulso do campus de Nanterre por estudantes pró-chineses da UJC(ml). Um debate organizado por André Gorz[6] sobre "a função social da Universidade" é perturbado por um militante da CLER (organização estudantil de orientação trotskista). Formação, em Toulouse, de um movimento inspirado pelo *22 de Março*, chamado *25 de Abril*.

26 DE ABRIL Desentendimentos ocorrem durante uma manifestação estudantil em Nanterre, entre o 22-M e o CLER.

27 DE ABRIL Cohn-Bendit é interpelado judicialmente.

27-28 DE ABRIL Congresso de fundação da FER (que sucede o Comitê de Ligação dos Estudantes Revolucionários).

29 DE ABRIL O Conselho universitário de Nanterre se manifesta: a proposta para contratação de dispositivos de segurança foi aprovada pelo reitor. O corpo docente exprime na ocasião a sua determinação em assegurar a realização dos exames regularmente. Dois estudantes da faculdade de Nanterre são presos em frente a um colégio da cidade distribuindo panfletos informativos, enquanto no *campus* universitário ocorre uma manifestação reunindo mais de mil pessoas.

---

o anarquismo, nos colocamos como inimigos declarados dos trotskistas e dos pró-chineses. Ninguém se engana quanto a isso: nos reconhecemos nas teses situacionistas. Baderneiros, nós o somos um pouco também. Já estudantes, fomos tão pouco que alguns de nós jamais puseram os pés na faculdade de Nanterre". (Tradução nossa).

6 Gorz (1923-2007) foi cofundador, em 1964, do periódico de centro-esquerda *Le Nouvel Observateur* (atual *L'Obs*). No livro *Stratégie ouvrière et néocapitalisme* (Estratégia operária e neocapitalismo, 1964), Gorz se volta aos problemas do sindicalismo moderno, onde desenvolve os conceitos "estratégicos" de "controle operário" e "reformas revolucionárias". No final da década de 1960, pertenceu ao comitê de redação da *Les Temps Modernes*. Tendo realizado vários estudos em sociologia do trabalho na década de 1970, a partir dos anos 1980, Gorz passa a teorizar sobre o "trabalho imaterial" e, mais recentemente, sobre a perspectiva "eco-política" do "decrescimento" (NA).

30 DE ABRIL Abertura do inquérito judicial contra Cohn-Bendit. Em Nanterre, UNEF chama a uma "unidade de ação" entre estudantes, trabalhadores e jovens, contra a repressão e por suas reivindicações.

MAIO DE 1968

1° DE MAIO Desfile organizado pela CGT na ocasião do dia do trabalhador. Milhares de trabalhadores desfilam da República à Bastilha, organizados pela CGT e PCF (CFDT, FGDS, FEN se recusaram a associar-se): ouvem-se *slogans* hostis à Guerra do Vietnã, enquanto ocorrem conflitos entre dirigentes da CGT e estudantes que tentam se associar ao cortejo, mas que não têm a disciplina exigida pelos sindicalistas. Daniel Cohn-Bendit é convocado a comparecer no dia 6 de maio à comissão de assuntos disciplinares da Sorbonne.

2 DE MAIO Jornada anti-imperialista em Nanterre organizada pelo 22-M. Estudantes reclamam o direito de realizar reuniões políticas no espaço universitário. Cerca de 300 estudantes paralisam o curso de história do professor René Rémond. Estudantes interrompem as aulas de sociologia de Michel Crozier e Alain Touraine. Grappin decide, com o aval do ministro da educação nacional e o reitor da Academia de Paris, fechar a faculdade de Nanterre. Incêndio criminoso na Sorbonne contra a sede da Federação dos grupos de estudantes de Letras. O secretariado da UNEF acusa o movimento (de direita) *Occident* pelo incêndio. UNEF e 22-M convocam uma manifestação para o dia 6 de maio, às 10h, na Sorbonne, em oposição à perseguição contra as lideranças estudantis.

3 DE MAIO Cerca de 400 estudantes (muitos deles vindos de Nanterre) se concentram em frente à Corte da Sorbonne. Participam da organização, além da UNEF e do 22-M, a FER, a JCR e o Movimento de Ação Universitária. Cohn-Bendit: "Que a Sorbonne se torne uma nova Nanterre!". O reitor Roche decide suspender as aulas na Sorbonne e no Anexo Censier e chamar a polícia para evacuar esses espaços. Os estudantes resistem à ação da polícia na Sorbonne. Balanço: 596 pessoas presas, mais de 100 feridas. Alain Geismar, Secretário geral da SNESup, chama os membros do ensino superior de todas as universidades à greve. O grupo *Occident* nega as acusações da UNEF sobre o incêndio na Sorbonne. Em Nanterre, as forças policiais se posicionam na frente da faculdade. No *L'Humanité* (jornal do PCF), Georges Marchais denuncia os "agrupamentos esquerdistas unificados" no movimento 22-M.

4 E 5 de maio A polícia ocupa massivamente o Quartier Latin. O SNESup condena as agressões policiais, reclama a liberação dos presos e a reabertura de Nanterre e da Sorbonne. Os juízes condenam sete dos estudantes presos a cumprirem suas penas em regime aberto.

6 DE MAIO Cohn-Bendit e sete outros estudantes (entre eles, o *Enragé* René Riesel, que mais tarde se tornará membro da Internacional Situacionista) comparecem à comissão disciplinar da Sorbonne (a sentença anunciada para o dia 10 de maio jamais será emitida). Início do inquérito policial para investigação do incêndio do dia 2 de maio. Membros do *Occident* recebem a visita de diligências policiais em suas casas. Jornada de manifestações estudantis até a madrugada do dia 7. Saldo: 422 prisões, cerca de 600 feridos. Têm início greves de estudantes secundaristas em diversos colégios de Paris. A maioria das faculdades do interior entram em greve em solidariedade aos estudantes da Sorbonne e de Nanterre. Cem mil mineradores entram em uma greve de 24 horas convocada pela CGT (os grevistas reclamam por mais segurança no trabalho, após a morte de seis trabalhadores nas minas de Roche-la-Molière). Às 20h30, uma declaração do ministro da educação nacional Alain Peyrefitte justifica o fechamento da Sorbonne: "Dar um golpe paralisador, impor um tempo àqueles que promovem a escalada de violência". O *L'Humanité* declara: "pode-se claramente ver hoje o resultado das ações aventureiras de grupos esquerdistas, anarquistas, trotskistas e outros. Objetivamente, eles estão jogando o jogo do governo...". Ocorrem manifestações de solidariedade na Alemanha (Berlim e Frankfurt) e na Bélgica (Liège).

7 DE MAIO Volumosas reações dos meios universitários, sindicais e políticos condenam a brutalidade empregada pelas forças policiais na repressão aos estudantes da Sorbonne. A UNEF convoca uma manifestação pela "retirada das forças policiais do Quartier Latin, libertação dos estudantes e reabertura das faculdades". Cerca de 30 mil estudantes desfilam através de Paris entoando o hino da Internacional. A partir das 23h, nova ação repressiva das forças de ordem, em Montparnasse. Saldo: 434 pessoas interrogadas, das quais 17 recebem voz de prisão. Greves e manifestações estudantis continuam se espalhando pelo interior do país. No *L'Humanité*, os "Sorbonne-Lettres" exigem a libertação dos estudantes presos e a reabertura da Sorbonne. Mas salientam que "cientes de nossas responsabilidades, especificamos que esta solidariedade não significa que concordamos ou apoiamos os lemas de certas organizações estudantis. Nós desaprovamos os lemas fantasiosos, demagógicos e anticomunistas, e os métodos de ação irresponsáveis defendidos por vários grupos esquerdistas". No mesmo dia, o stalinista Georges Séguy declara à imprensa que: "A solidariedade entre estudantes, professores e a classe trabalhadora é uma ideia comum aos militantes da CGT... É exatamente essa tradição que nos obriga a não tolerar qualquer elemento suspeito ou provocador, elementos esses que criticam as organizações da classe trabalhadora".

8 DE MAIO Sindicatos (CGT e CFDT) e partidos de esquerda anunciam seu apoio ao movimento estudantil. O PCF retoma as palavras de ordem da UNEF, porém, condenando a ação dos grupos esquerdistas. A primeira página do *L'Humanité* traz a seguinte declaração do secretariado do PC: "O descontentamento dos estudantes é legítimo. Mas a situação favorece atividades aventureiras, cujas concepções políticas não oferecem perspectiva aos estudantes e não possuem nada em comum com uma política verdadeiramente progressista e de longo prazo". Na mesma edição, J. M. Catala, Secretário geral da UEC, escreve que "as ações de grupos irresponsáveis estão ajudando os poderes estabelecidos a alcançarem seus objetivos...". Jornalistas do *Express, Le Monde, Nouvel Observateur*, formam um comitê para acompanhar a ação das forças policiais. Alain Peyrefitte anuncia a possibilidade de retomada das aulas em Nanterre e na Sorbonne a partir do dia 9 de maio. Um grupo de teatro alemão (ligado à JCR) é impedido de entrar na França.

9 DE MAIO O ministro da Educação Alain Peyrefitte decide reabrir progressivamente as faculdades. Dirigentes da UNEF procuram os secretariados da CGT e da CFDT para "uma ação sindical comum". Os secundaristas engrossam ainda mais o movimento, com as greves dos estudantes dos últimos anos. A faculdade de ciências de Rennes é ocupada pelos estudantes. UNEF, CGT e CFDT organizam uma grande manifestação em Dijon.

10 DE MAIO Reabertura da faculdade de Nanterre. UNEF, 22-M e SNESup continuam a greve em solidariedade aos estudantes da Sorbonne. Secundaristas de 52 colégios fazem piquetes em frente a suas escolas. Professores entram em greve após convocatória dos seus sindicatos. CGT, UNEF, CFDT, FEN, SNESup, UGE, decidem organizar manifestações comuns para o dia 14 de maio em toda a França, "pela anistia dos manifestantes condenados e as liberdades sindicais e políticas". À tarde, uma manifestação reúne milhares de estudantes universitários e secundaristas (cerca de 30 mil) em Denfert-Rochereau[7]. À noite, manifestantes, entre estudantes, trabalhadores e desempregados passam a ocupar o Quartier Latin e a erguer as primeiras barricadas na Rua Gay-Lussac, enquanto Alain Geismar, Jacques Sauvageot e Cohn-Bendit tentam negociar com Alain Peyrefitte, por intermédio do reitor Roche, até por volta da uma hora da madrugada do dia 11. É dada a ordem policial para a supressão das barricadas e a dispersão dos manifestantes da Gay-Lussac. Tem início uma batalha que se estenderá até as 6 horas da manhã, com saldo de 367 feridos, 460 pessoas interrogadas, 188 carros danificados, dos quais

---

[7] Situado na intersecção de diversas ruas importantes do bairro de Montparnasse, é um tradicional ponto de partida ou de chegada de manifestações cívicas em Paris.

cerca de 60 inteiramente incendiados. A FER se ausenta da noite das barricadas, por considerá-las um ato infantil de provocação. No interior (Nantes e Rennes), ocorrem movimentos de paralisação nas fábricas da Sud-Aviation.

11 DE MAIO Ordem de greve geral lançada para o dia 13 de maio, proposta por UNEF, CGT, CFDT, FEN, SNESup e FO. Ocupação do Anexo Censier, onde é instaurada uma Universidade Crítica, na qual cada um pode se exprimir livremente. Em Strasbourg, os estudantes proclamam a autonomia da faculdade. Greves com ocupações de universidades se espalham pelo país. O Primeiro ministro Georges Pompidou vai à rádio e à televisão, após retornar de uma viagem ao Afeganistão, prometer a reabertura da Sorbonne para o próximo dia 13, bem como a libertação dos estudantes condenados.

12 DE MAIO Preparação da jornada do 13 de maio: UNEF, UGE, SNESup, CGT, CFDT, FO, FEN definem três palavras de ordem para a manifestação no dia seguinte: "Contra a repressão policial, pela anistia dos manifestantes condenados e contra a política educacional e econômica do governo". A intersindical dos jornalistas decide entrar em greve no dia 13 de maio em solidariedade aos estudantes e trabalhadores em greve. À noite, Pompidou faz algumas concessões: libertação dos estudantes presos dia 10 de maio e evacuação policial do Quartier Latin.

13 DE MAIO Greve geral de 24 horas convocada pelas centrais sindicais. Passeata de um milhão de pessoas pelas ruas de Paris. Por volta das 20h numerosos contingentes de estudantes retornam ao Quartier Latin com o objetivo de ocupar a velha Sorbonne e abri-la aos trabalhadores. Cerca de mil jovens de direita descem aos Champs-Elysées aos gritos de "Fuzilem Cohn-Bendit" e "A França aos franceses". No interior, ocorrem mais manifestações unificadas de estudantes e trabalhadores.

14 DE MAIO O presidente Charles de Gaulle parte em viagem oficial para a Romênia (ficando ausente do dia 14 ao 18 de maio). Em Nanterre, uma assembleia "constituinte" declara a faculdade "livre e autônoma". Eleição de um Comitê de Ocupação da Sorbonne (COS). A contestação atinge também os institutos de pesquisas e centros de estudos, bibliotecas e demais equipamentos universitários. Comitês de ação se multiplicam nas faculdades, nos bairros, em algumas empresas. Muitos colégios são fechados, vários são ocupados. Dois mil operários da Sud-Aviation ocupam sua fábrica e sequestram seu diretor. Manifestações de solidariedade com os estudantes parisienses em Genève e Lausanne (na Suíça). Os situacionistas se unem com "a elite dos extremistas de Nanterre" e fundam o C.E-IS (Comitê *Enragés*-Internacional Situacionista), que irá compor o COS em seus primeiros dias.

15 DE MAIO Os alunos da Escola de Belas-Artes tomam posse de suas instalações e iniciam a livre produção de cartazes. Dois mil e quinhentos estudantes ocupam o teatro Odéon transformando-o num fórum de discussão e deliberação permanente. Uma comissão de Cinema é criada na Sorbonne. Jornada de mobilização contra o orçamento da Seguridade Social convocada pela CGT e CFDT. Os operários da fábrica da Renault em Cléon (norte da França) decidem paralisar a produção e ocupar a fábrica. Greves com ocupações de fábricas começam a se multiplicar por Paris e no interior da França. Em Paris, os motoristas de táxi entram em greve. Na primeira página do *L'Humanité*, o birô político do PCF emite uma nota onde "alerta os trabalhadores e estudantes contra qualquer empreendimento aventureiro que possa, nas circunstâncias atuais, desviar a frente ampla da luta que está em processo de desenvolvimento, e fornecer ao governo gaullista uma nova arma para consolidar a sua instável ordem".

16 DE MAIO Assembleias são realizadas dia e noite na Sorbonne, que passa a contar com um fluxo cada vez maior de trabalhadores. O C.E-IS, em nome da Sorbonne ocupada, conclama "à ocupação imediata de todas as fábricas na França e à formação de Conselhos Operários". Jacques Sauvageot, vice-presidente da UNEF, apresenta o programa da entidade: "instauração de um 'poder estudantil', autonomia das faculdades, extensão da luta para as artes e a informação, junção do combate dos estudantes e dos operários e camponeses". UJC(ml), UNEF, 22-M, JCR seguem em cortejo até a fábrica da Renault, em Boulogne-Billancourt[8], para exprimir sua solidariedade aos trabalhadores que haviam imposto, pela base, a sua greve, e tentar estabelecer um diálogo – todavia impedido pela CGT, que proíbe a entrada dos estudantes na fábrica. Pela primeira vez o setor do transporte ferroviário entra em greve. Às 17h, um comunicado do Primeiro Ministro avisa que "na presença de diversas tentativas anunciadas por grupos de extremistas para provocar uma agitação generalizada [...] o governo tem o dever de manter a paz pública".

17 DE MAIO O número de grevistas na França ultrapassa os 300 mil. Greve total na Renault (Sandouville, Le Mans, Orléans, Billancourt). Os jornalistas da ORTF entram em greve "para garantir a objetividade da informação". O birô político do PCF defende uma união da esquerda na base de um programa de governo. A agitação atinge os meios rurais-agrícolas. A Assembleia Geral da Sorbonne desaprova os atos pelos quais o Comitê de Ocupação havia exercido o seu mandato (entre 16-17 de maio). O C.E-IS denuncia a manobra dos pequenos grupos de esquerda e anuncia a sua retirada da ocupação, convidando os membros do primeiro COS a se juntarem a eles na formação do Conselho pela Manutenção das Ocupações (CMDO).

---

8   Cidade localizada nos subúrbios ocidentais da região metropolitana de Paris. Foi o segundo principal parque industrial dos setores de aviação, automobilístico e cinematográfico da França, atrás somente de Paris, até a primeira metade do século XX. Hoje a região concentra empresas majoritariamente do setor terciário (NT).

18 DE MAIO De Gaulle retorna da Romênia. Três mil manifestantes organizados pelo *Occident* se reúnem na praça Étoile "contra o comunismo". A União dos Sindicatos de Polícia declara que um "clima de extrema tensão existe atualmente em todas as formações da polícia nacional". A União Comunista (*Voix Ouvrière*), o PCI (IV Internacional) e a JCR anunciam a formação de um comitê permanente de coordenação entre as três organizações. Este comitê convida então todas as organizações que se reivindicam trotskistas a se associar a essa iniciativa.

19 DE MAIO Assembleia geral dos comitês de ação no instituto de artes. Falta combustível em Paris, filas imensas de automóveis se formam nos postos de abastecimento. O sistema de transporte metropolitano da região de Paris entra em greve. O CMDO ocupa uma das salas do Instituto Pedagógico Nacional (IPN), na rua d'Ulm, e publica o seu *Relatório sobre a ocupação da Sorbonne*, denunciando as manobras que resultaram na queda da democracia direta na universidade ocupada, após a partida de seus elementos revolucionários.

20 DE MAIO Greve quase total em todos os setores da economia: estima-se o número de 10 milhões de trabalhadores em greve ou impedidos de trabalhar. Os profissionais da ORTF paralisam suas atividades. UNEF e CDFT dão uma conferência de imprensa conjuntamente. O conjunto dos sindicatos de professores lança uma ordem de greve ilimitada a partir do 22 de maio. Os comitês de ação dos secundaristas lançam a palavra de ordem para a ocupação dos colégios. Na madrugada do dia 20/21, diversas escolas são ocupadas na região metropolitana de Paris. Protesto na Universidade Livre de Bruxelas com a participação de membros do 22-M contra a interdição de entrar em território belga que acaba de ser imposta a Cohn-Bendit. O PCF continua alertando para as "provocações esquerdistas". No canto direito superior da capa do *L'Humanité* se vê um quadro intitulado "ALERTA": "Panfletos têm sido distribuídos na região de Paris convocando uma greve geral insurrecional. Não é preciso dizer que tal apelo não foi emitido pelas nossas organizações sindicais democráticas. Eles são produto de provocadores que buscam dar ao governo um pretexto para uma intervenção... Os trabalhadores devem estar atentos para impedirem tais manobras...".

21 DE MAIO Generalização das greves para os setores de têxteis, armamentos, construção civil, grandes lojas (como a FNAC), bancos. Encontros entre CGT-CFDT-FO para chegar a um programa comum de reivindicações. Manifestação organizada pelo *Occident* diante da sede do *L'Humanité*.

22 DE MAIO Criação de um comitê nacional de defesa da República por um certo número de personalidades favoráveis ao general de Gaulle e à Quinta República. Interdição do visto de permanência de Cohn-Bendit. Manifestação organizada pelo 22-M, UNEF, SNESup em Denfert-Rochereau. As palavras de ordem são:

"Cohn-Bendit em Paris" e "a censura está na rua". Criação dos comitês de ação popular e de ação democrática pelo PCF. Desacordos CGT-UNEF. Fechamento dos depósitos de combustível. Início das manifestações dos profissionais liberais. Nas regiões de Lille, Rennes e Toulouse, já se registra o retorno ao trabalho. O CMDO publica o panfleto *Pelo poder dos conselhos operários*.

23 DE MAIO Anúncio de um remanejamento ministerial. UNEF e SNESup convocam uma manifestação para o dia 24. Enfrentamentos noturnos entre estudantes e policiais no Quartier Latin. O governo retira o direito das rádios de efetuar reportagens ao vivo. As centrais sindicais se declaram prontas para negociar com o governo. Manifestações em Lyon e Caen.

24 DE MAIO De Gaulle anuncia um referendo sobre a "renovação universitária, social e econômica". Diz que deixará o poder se os votos contrários vencerem. Desfiles da CGT (cerca de 150 mil participantes). UNEF e SNESup convocam uma manifestação na Estação de Lyon, que termina com a ação repressiva da polícia. 22-M convoca uma manifestação na Bolsa de Valores. Novas barricadas são erguidas no Quartier Latin, como também na Bastilha. Noite de protestos também em diversas cidades do interior. O ministro do interior denuncia a ação "pestilenta" dos "anarquistas organizados". Cohn-Bendit se apresenta à fronteira francesa em Forbath, e é expulso do país.

25 DE MAIO Abertura das negociações entre o Primeiro-Ministro, os sindicatos e o patronato na rua de Grenelle, onde está localizada a sede do Ministério dos Assuntos Sociais. Mobilização do 22-M na Cidade Universitária. Alain Geismar declara que é preciso "renunciar à violência".

26 DE MAIO Prosseguem as negociações na rua de Grenelle.

27 DE MAIO Segunda semana da greve com mais de dez milhões de trabalhadores. Os chamados "Acordos de Grenelle" são firmados e imediatamente rejeitados pelos grevistas. UNEF, FEN e PSU (CFDT presente), organizam um ato conjunto da esquerda não-comunista no Estádio Charléty, mobilizando cerca de 40 mil pessoas. A CGT organiza, por sua vez, 12 mobilizações simultâneas em Paris. No interior do país, muitas manifestações organizadas por sindicatos e representações estudantis agrupam dezenas de milhares de pessoas. Todas conclamam a um endurecimento da greve. O PCF propõe "a substituição do poder gaullista por um governo popular e de união democrática com a participação comunista sobre a base de um programa mínimo comum". O 22-M propõe a propaganda nos bairros. Alain Geismar se demite do SNESup "para se dedicar a uma tarefa política".

28 DE MAIO A greve continua, negociações prosseguem em diversos setores da economia. Alain Peyrefitte pede demissão. Referendo previsto para o dia 16 de junho. Mitterand anuncia que é candidato à presidência se os votos contrários à reforma gaullista vencerem. Cohn-Bendit retorna clandestinamente da Alemanha e dá uma conferência de imprensa na Sorbonne.

29 DE MAIO De Gaulle deixa o Elysée. Desfile massivo organizado pela CGT: "governo popular", "adeus de Gaulle", clamam os manifestantes. Pierre Mendès-France está pronto para assumir o poder: "não renunciarei às responsabilidades que poderiam ser confiadas a mim por toda a esquerda unida!".

30 DE MAIO O general de Gaulle dissolve a Assembleia Nacional, renuncia ao referendo e anuncia eleições; Pompidou permanece no cargo de Primeiro-Ministro. De Gaulle conclama os cidadãos franceses a se organizarem em "Comitês de Defesa da República". Manifestação gaullista no Champs-Elysées (cerca de um milhão de pessoas). Manifestações favoráveis a de Gaulle em diversas cidades do interior: Angers, Le Havre, Rennes, Rouen, Besançon. A UNEF "chama todos os sindicatos a organizar dia 31 de maio uma potente manifestação unitária". O CMDO publica seu terceiro comunicado, *Dirigido a todos os trabalhadores*.

31 DE MAIO Novo remanejamento ministerial; entrada no governo de representantes da "esquerda gaullista". As eleições legislativas são marcadas para os dias 23 e 30 de junho. A CGT deseja retomar as negociações e não atrapalhar a realização das eleições. Os primeiros sintomas da volta ao trabalho aparecem em Paris.

JUNHO DE 1968

1° DE JUNHO Manifestação organizada pela UNEF percorre de Montparnasse a Austerlitz aos gritos de "é apenas o começo, continuemos o combate", "eleição, traição". Alain Krivine (JCR) apela para a "criação de um comitê de coordenação para a constituição de um movimento revolucionário". Passeatas gaullistas ocorrem em diversas cidades do interior (Besançon, Grenoble, Lyon, Limoges, Marseille...).

2 DE JUNHO Prosseguem as negociações sindicais. Assembleia geral dos comitês de ação da Sorbonne. A resistência à retomada do trabalho segue viva entre os metalúrgicos, professores e profissionais de rádio e tv.

3 DE JUNHO Ocorrem conflitos de rua entre judeus e árabes em Belleville durante dois dias. Retomada do trabalho no setor ferroviário, de rádio e tv, bancário, nas minas.

4 DE JUNHO Retomada do trabalho em diversas empresas. Endurecimento da greve, em particular nos setores automobilístico, de metalurgia e aviação. O exército ocupa as estações da ORTF. A Sorbonne avança suas reformas. Sauvageot cria as Universidades Populares de verão; surgem as primeiras estruturas de cogestão nas faculdades de medicina. Em Lyon, ocorrem confrontos violentos entre estudantes de letras e manifestantes de direita.

5 DE JUNHO O processo de retorno ao trabalho se acentua. As negociações sindicais prosseguem. A CGT declara que "o interesse dos assalariados é retomar o trabalho em todos os lugares onde forem satisfeitas suas reivindicações". A situação se agrava na ORTF com a expulsão dos técnicos grevistas de seus locais de trabalho, então ocupados.

6 DE JUNHO As tropas da CRS invadem as fábricas da Renault em Flins. A CFDT organiza uma manifestação contra a invasão policial. O *L'Humanité* saúda "a retomada vitoriosa do trabalho na unidade". Situação tensa na ORTF. Início da Operação Jericó: cada dia um desfile diferente é organizado em frente à sede da rádio. A FEN (Federação da Educação Nacional) se pronuncia pela retomada das aulas nas universidades e escolas.

7 DE JUNHO Confronto entre estudantes, grevistas e policiais em Flins. Entrevista do presidente De Gaulle para o jornal *Le Figaro*, na qual confirma que tinha a intenção de se retirar do poder após 29 de maio.

8 DE JUNHO Professores da educação primária ocupam a sede da FEN após entrarem em desacordo com seus dirigentes.

9 DE JUNHO a CFDT decide propor uma jornada de ação comum para o dia 10 de junho, para apoiar os trabalhadores que permanecem em greve; FO e CGT recusam apoio.

10 DE JUNHO Resta aproximadamente um milhão de grevistas na França. Confrontos em Flins. Um secundarista de 18 anos, Gilles Tautin, é encontrado morto. Manifestação espontânea no Quartier Latin. Novas barricadas são erguidas. Abertura da campanha eleitoral que deve prosseguir até 22 de junho. Os grevistas da ORTF se declaram preparados para assumir as emissões da campanha.

11 DE JUNHO Marcha silenciosa dos secundaristas velando o corpo de Gilles Tautin. Conflitos entre grevistas e policiais na fábrica da Peugeot, em Sochaux, resultam na morte de dois operários. Mobilização convocada pela UNEF e pela maior parte das organizações de extrema-esquerda na Gare du Nord (uma das principais estações de trem de Paris). Em seguida, os manifestantes caminham até o Quartier Latin, onde um novo motim invade a noite.

12 DE JUNHO O governo interdita toda e qualquer manifestação sobre o território francês e dissolve todas as organizações revolucionárias estudantis (onze no total). O PSU se declara solidário aos movimentos dissolvidos pelo decreto. Uma suspensão das atividades é organizada pela CGT e CFDT contra a repressão policial de Flins e Sochaux. O SGEN (Sindicato Geral da Educação Nacional), um braço da CFDT, lança uma palavra de ordem pela retomada do trabalho. Mesa-redonda sobre a organização dos exames de 1968 no Ministério da Educação Nacional, entre representantes dos sindicatos de professores e federações de pais de alunos, onde é selado um compromisso. No Brasil, Costa e Silva declara que não irá tolerar que a agitação universitária "afunde o país no caos que paralisou a França". De fato, em novembro será decretado o Ato Institucional n° 5 (AI-5), que fecha o Congresso

Nacional, as Assembleias estaduais e Câmaras legislativas municipais, dando início aos chamados "anos de chumbo".

13 DE JUNHO Estudantes expulsam da Sorbonne os *Katangais*[9] e fecham a universidade para uma operação de "higiene" interna. Vários membros de organizações de extrema-esquerda (dissolvidas pelo decreto do dia anterior) são presos, assim como diversos estrangeiros presentes na França durante os acontecimentos.

14 DE JUNHO Criação de um comitê pela liberdade contra a repressão. As negociações prosseguem na Saviem, Citroën, Sud-Aviation, Renault, ORTF, entre outras fábricas. Evacuação do Odéon pelas forças policiais. Declaração de M. Ortoli, sucessor de A. Peyrefitte no Ministério da Educação Nacional: "Não se trata mais somente de reformar a universidade, mas de construir uma nova (...) com a participação ativa de representações qualificadas de professores e estudantes". Os colégios parisienses são progressivamente desocupados pelos secundaristas.

15 DE JUNHO Manifestação silenciosa para o enterro de Gilles Tautin em Paris. Manifestação em solidariedade a Tautin, contando com estudantes e operários, é organizada no Japão pelo movimento operário-estudantil *Zengakuren*[10]. O CMDO decide se dissolver.

16 DE JUNHO Evacuação da Sorbonne pela polícia. Conflitos com estudantes. Um grande serviço de limpeza das instalações da universidade é feito pelas equipes de higienização da prefeitura: o foco é na retirada das inscrições pichadas nas paredes.

17 DE JUNHO Os operários da Renault (Régie) e de sua filial (Saviem) decidem retomar o trabalho após 32 dias de greve. Início da greve dos comerciantes de jornais. Sauvageot convida as organizações sindicais a lançar uma "ação de massas" pois "os estudantes sozinhos não podem vencer a batalha". Na ORTF é votada a continuidade da greve.

19 DE JUNHO Em Strasbourg e Lyon, os estudantes criam uma Universidade de Verão.

20 DE JUNHO Retomada do trabalho nas fábricas da Citroën, Peugeot e Berliet.

21 DE JUNHO Convenção nacional das universidades reunida em Nanterre.

22 DE JUNHO Incidentes violentos na faculdade de medicina de Bordeaux.

23 DE JUNHO Primeiro turno das eleições legislativas; forte votação dos gaullistas; recuo dos comunistas e da Federação de Esquerda; baixa dos centristas. A intersindical da ORTF anuncia a retomada do trabalho.

24 DE JUNHO Fim da greve dos comerciantes de jornais da região parisiense. Abertura da Universidade de Verão de Strasbourg.

---

9   Sobre os *Katangais*, ver as notas 137 e 138 do texto *Enragés e situacionistas no movimento das ocupações*.

10   Sobre o movimento *Zengakuren*, ver a nota 6 da seção Documentos Selvagens.

25 DE JUNHO Abertura da Universidade de Verão na faculdade de ciências de Paris.

27 DE JUNHO A polícia dissolve a ocupação da Escola de Belas-Artes. A UNEF conclama a um "reforço da ocupação dos locais onde devem acontecer as universidades de verão" e a participar da passeata contra a expulsão dos estrangeiros presos.

28 DE JUNHO Mobilização contra a expulsão dos estrangeiros na faculdade de ciências de Paris.

30 DE JUNHO Segundo turno das eleições legislativas. Vitória da maioria gaullista (97 assentos) e dos republicanos independentes (21). A Federação de Esquerda perde 61 assentos, e o PCF, 39.

SIGLAS

22-M	Movimento 22 de Março.
AFGES	Associação Federativa Geral dos Estudantes de Strasbourg.
C.E-IS	Comitê *Enragés*-Internacional Situacionista.
CFDT	Confederação Francesa Democrática do Trabalho.
CGT	Confederação Geral do Trabalho.
CLER	Comitê de Ligação dos Estudantes Revolucionários.
CMDO	Conselho pela Manutenção das Ocupações.
COS	Comitê de Ocupação da Sorbonne.
CRS	Companhias Republicanas de Segurança.
CVB	Comitês Vietnã de Base.
CVN	Comitê Vietnã Nacional.
FEN	Federação da Educação Nacional.
FER	Federação dos Estudantes Revolucionários.
FGDS	Federação da Esquerda Democrática e Socialista.
FNEF	Federação Nacional dos Estudantes da França.
FO	Força Operária.
IS	Internacional Situacionista.
JCR	Juventude Comunista Revolucionária.
ORTF	Escritório de Radiodifusão-Televisão Francesa.
PCF	Partido Comunista Francês.
PCI	Partido Comunista Internacionalista.
PSU	Partido Socialista Unificado.
SGEN	Sindicato Geral da Educação Nacional.
SNES	Sindicato Nacional do Ensino Secundário.
SNESUp	Sindicato Nacional do Ensino Superior.
UEC	União dos Estudantes Comunistas.
UGE	União das Grandes Escolas.
UJC(ML)	União das Juventudes Comunistas (marxistas-leninistas).
UNEF	União Nacional dos Estudantes da França.

ÍNDICE DE NOMES

ALAIN GEISMAR, Secretário geral da SNESup.

ALAIN KRIVINE, fundador da JCR e do 22-M.

ALAIN PEYREFITTE, Ministro da Educação Nacional.

ANEXO CENSIER, sede da efêmera Universidade Crítica, criada após ocupação do dia 13 de maio.

CHARLES DE GAULLE, Presidente da República.

DANIEL COHN-BENDIT, Fundador do 22-M.

FRANÇOIS MISSOFFE, Ministro da Juventude e dos Esportes.

GEORGES MARCHAIS, dirigente do PCF em 1968.

GEORGES POMPIDOU, Primeiro ministro.

GEORGES SÉGUY, Secretário geral da CGT.

GUY DEBORD, fundador e membro da seção francesa da IS.

L'HUMANITÉ, Jornal do PCF.

JACQUES SAUVAGEOT, Vice-Presidente da UNEF.

JEAN ROCHE, Reitor da Sorbonne.

JEAN-MICHEL CATALA, Secretário geral da UEC.

MUSTAPHA KHAYATI, membro da seção francesa da IS.

OCCIDENT, Grupo de extrema-direita.

PIERRE GRAPPIN, Diretor da faculdade de Nanterre.

RAOUL VANEIGEM, membro da seção francesa da IS.

RENÉ RIESEL, *Enragé* de Nanterre, membro da seção francesa da IS.

BIBLIOGRAFIA

INTERNACIONAL SITUACIONISTA. *Situacionista: teoria e prática da revolução.* Coleção Baderna. São Paulo: Conrad, 2002.

MARTOS, Jean-François. *Histoire de L'International Situationniste.* Paris: Ivrea, 1995.

MAZUY, Rachel; LE CORNU, Danièle. "Chronologie des événements à Nanterre en 1967-1968". In: *Matériaux pour l'histoire de notre temps. Mai-68: Les mouvements étudiants en France et dans le monde*, n° 11-13, 1988. pp. 133-135.

MONIQUE, Suzzoni. "Chronologie générale". In: *Matériaux pour l'histoire de notre temps. Mai-68: Les mouvements étudiants en France et dans le monde*, n° 11-13, 1988, pp. 284-303.

SOLIDARITY. *Paris: maio de 68.* Coleção Baderna. São Paulo: Conrad, 2008.

VALLAEYS, Béatrice. "Special Mai 68. Le témoin du jour. René Riesel, 18 ans, étudiant em philosophie à Nanterre, prosituationniste. 'La rage au ventre contre les groupuscules et l'État'". In: *Libération*, 6 de maio de 1998.

Impressão e Acabamento:

Fones: (11) 3951-5240 | 3951-5188
E-mail: atendimento@expressaoearte.com
www.graficaexpressaoearte.com.br